Couvertures supérieure et inférieure manquantes

LE VIVARAIS
AUX ÉTATS GÉNÉRAUX
DE 1789

DU MÊME AUTEUR

- **Les Ballons**, depuis leur invention jusqu'au dernier siège de Paris, in-8°, Aubenas, 1872.
- **Recherches sur les anciennes Sociétés et Corporations de la France méridionale**, in-8°, Paris, 1873.
- **Mes notes sur le Vivarais** *(documents inédits)*, in-8°, Privas, 1873.
- **Vals.** — Son origine, ses progrès, son avenir, lu à la Sorbonne, au Congrès des Sociétés savantes, en 1873, in-8°, Aubenas, 1874.
- **Recherches sur les pierres mystérieuses du Vivarais et du Dauphiné**, in-8°, Paris, 1874 *(avec figures)*. Cet ouvrage a valu à son auteur les éloges et remerciements de l'*Académie des Inscriptions et Belles-Lettres*.
- **Dictons et Sobriquets populaires du Vivarais**, in-8°, Marseille, 1874.
- **Nos pères.** — Proverbes et Maximes populaires du Vivarais, in-8°, Privas, 1875.
- **Croyances et Superstitions populaires du Vivarais**, in-8°, Montpellier, 1876.
- **Histoire des Poètes du Vivarais** *(documents inédits)*, in-8°, Paris, 1877.
- **Établissement de l'imprimerie dans le Vivarais**, in-8° *(illustré de marques typographiques)*, Vienne, 1877.
- **Le Vivarais à la Représentation nationale** (depuis le XIII° siècle jusqu'à nos jours), in-8°, Paris, 1880.
- **De Launay, comte d'Antraigues**, écrivain et agent politique, sa vie et ses œuvres, in-8°, Privas, 1882 *(couronné par la Société d'Agriculture, Sciences, Lettres et Arts de l'Ardèche)*.
- **Olivier de Serres, seigneur du Pradel**, Sa vie et ses travaux, gr. in-8°, illustré de gravures et de fac-simile, Paris, 1885 *(couronné par la Société nationale d'Agriculture de France)*.
- **Recherches sur les Inscriptions du Vivarais**, in-8°, Valence, 1888.
- **Histoire des Troubadours du Vivarais, du Gévaudan et du Dauphiné**, in-12, illustré de fac-simile, Paris, 1889.

Aubenas. — Imprimerie brevetée de Mme Robert.

DÉPOSÉ

Droits de traduction et de reproduction réservés

LE VIVARAIS

AUX

ETATS GÉNÉRAUX

DE 1789

Illustré de Portraits et de Fac-simile

PAR

HENRY VASCHALDE

Officier de l'Instruction publique
Lauréat de plusieurs Académies et Sociétés savantes

PARIS
LIBRAIRIE HISTORIQUE DES PROVINCES
Emile LECHEVALIER
39, Quai des Grands-Augustins, 39
—
1889

A LA GLOIRE
DU VIVARAIS
Qui, dès 1788,

Osa formuler ses doléances et réclamer la liberté

A LA MÉMOIRE
DES DÉPUTÉS DE CE PAYS
Qui votèrent les principes

De la grande rénovation sociale

A LA REPRÉSENTATION
DU DÉPARTEMENT DE L'ARDÈCHE

MM. les Sénateurs **CHALAMET** et **PRADAL**

MM. les députés

BEAUSSIER Adolphe, le baron BOISSY D'ANGLAS

CLAUZEL

FOUGEIROL, SAINT-PRIX et VIELFAURE

Gardiens des « Droits de l'homme »

Ce livre est dédié par l'auteur

le 5 mai 1889.

INTRODUCTION

Il y a un siècle — quand le peuple, tombé dans l'avilissement le plus profond, écrasé de dettes énormes, dévoré par d'intolérables impôts, menacé d'un avenir plus déplorable encore, humilié par le présent, effrayé par l'avenir, rédigeait ses cahiers de doléances, qui étaient le prélude de sa revanche, qu'il voulait prendre ; quand les premières rumeurs de la grande révolte se répandirent dans les plus profondes vallées comme sur les plus hautes cimes du Vivarais, la vieille France fut témoin d'un beau spectacle, dont on a peut-être perdu le souvenir, mais qu'il nous plait de rappeler ici. Un jeune noble ardéchois, le comte d'Antraigues, avait déjà compris qu'une lutte acharnée, sanglante, infinie, allait éclater entre les oppresseurs et les opprimés, et que l'heure de se délivrer du joug des rois, de la servitude des grands, de toutes les chaines de l'esclavage, venait de sonner pour la nation française.

Imbu des idées philosophiques du siècle, dès les premiers symptômes de la Révolution ; s'inspirant des sublimes pensées de l'abbé Malosse, prieur de Nieigles, dont il était devenu l'ami, et des nobles théories de Jean-Jacques

Rousseau, qu'il avait connu, alors que ce philosophe était obscur et copiait de la musique pour gagner sa vie, le comte d'Antraigues se montra l'apôtre enthousiaste de la Révolution.

Dans le courant de l'année 1788, il publia deux brochures qui eurent un grand succès : *Mémoire pour le peuple français* et la *Constitution de la Monarchie*.

« Quel est le droit imprescriptible du Tiers-état, disait-il ? Celui du grand nombre sur le petit nombre, puisque cet ordre est aux deux autres comme cent mille est à un.....

« Les prétentions de la noblesse moderne émanent du trône ; celles du Tiers-état émanent de la nature. Les prétentions de la noblesse antique se perdent dans la nuit des temps ; celles du Tiers-état se trouvent à la naissance des sociétés. »

A la fin de la même année, le comte d'Antraigues publia un remarquable *Mémoire sur les États généraux*; cette publication, dont le succès fut immense, peut être regardée comme un des premiers brandons jetés au milieu de la France pour allumer le vaste incendie qui devait dévorer le trône.

Après avoir attaqué tous les ministres des rois, il émettait cette déclaration solennelle : « Le Tiers-état est le peuple, et le peuple est la base de l'État. C'est dans le peuple que réside la toute-puissance nationale. »

Il n'y a pas de publication qui ait contribué plus puissamment à activer le mouvement révolutionnaire.

Quelques mois après l'apparition du *Mémoire* du comte d'Antraigues, les États généraux étaient convoqués à Versailles pour le 27 avril 1789. Douze cent quatorze députés arrivaient de tous les coins de la France, portés au pouvoir par le suffrage de leurs concitoyens, animés d'espérances nouvelles ou d'inquiétudes profondes, chargés de faire prévaloir des idées généreuses, mais encore mal digérées, de présenter des requêtes imprudentes, de faire cesser des abus anciens et cruels ; 285 membres de la noblesse, 308 délégués du clergé et 621 représentants du tiers état se pressaient dans les bâtiments des Menus-Plaisirs à Versailles.

La convocation des États généraux en 1789 est l'évènement le plus important des temps modernes, principalement de l'histoire de France.

Cette assemblée, la plus nombreuse qui ait été réunie, était composée des hommes les plus éminents par leurs titres, leurs dignités et leurs capacités.

Elle ouvrit à Versailles, le 5 Mai 1789. Aucun règlement n'avait été adopté pour la vérification des pouvoirs; la grave question de la délibération séparée ou en commun n'était pas résolue dans l'esprit des chefs du gouvernement eux-mêmes. « Le clergé et la noblesse avaient refusé d'accéder à la vérification commune des pouvoirs, les ministres se présentaient devant les représentants de la nation sans plan préparé, sans projets de concessions pesées et mesurées d'avance, sans ligne de conduite résolue et ferme; tous se laissaient emporter par le courant des évènements et des passions excitées, l'enthousiasme et l'ardente espérance d'une part, les illusions et la timidité indécise de l'autre; le tiers état marchait résolûment en avant ». (1) Fort de l'opinion publique du pays comme de sa prépondérance numérique dans les États généraux, il arbora hardiment un nom nouveau, puissant par sa signification naturelle et par l'importance qu'on y attacha dès le début; le 17 Juin, sur la proposition de Legrand, député du Berry, le tiers état prit le titre d'*Assemblée nationale*, détrônant à la fois l'autorité royale et celle des deux premiers ordres dans les États généraux. Déjà la victoire lui était irrévocablement acquise.

Depuis le 12 Juin, il siégeait seul dans la grande salle des États généraux.

Des invitations avaient été adressées aux deux premiers

---

(1) Guizot. — *Histoire de France racontée à mes petits-enfants.*

ordres, qui délibéraient dans leur assemblée respective ; elles étaient restées sans réponse. Le 19 juin, le clergé discutait encore, enfin les voix des curés l'emportèrent ; ils étaient favorables au mouvement national. Le premier ordre prit le parti d'accepter les avances du tiers état et la vérification commune des pouvoirs.

Le 22 juin, le serment du Jeu de Paume confirma la décision qui avait attribué au tiers état le titre hardi d'Assemblée nationale.

Pendant que l'Assemblée discutait gravement la Constitution, le 14 juillet, le peuple s'emparait de la Bastille, qui était regardée comme le signe et le repaire du despotisme : partout en Europe sa chute fut saluée avec transport, les députés partageaient l'enthousiasme général qu'accroissait encore leur présence.

La nuit du 4 août porta le coup de mort au régime féodal ; ce fut seulement à son réveil, dans sa séance du 5 août, que l'Assemblée nationale, à la lecture de son procès-verbal, comprit l'étendue des sacrifices qu'elle avait sanctionnés.

Nous allons en donner le relevé complet, afin de montrer comment l'ancien régime, en ce qu'il avait d'abusif et de condamnable, périt tout entier dans cette nuit mémorable, des mains mêmes de la noblesse, qui livra en ce jour les privilèges de son passé, aussi librement qu'elle avait jadis versé son sang sur les champs de bataille.

On avait voté :

L'abolition de la qualité de serf ;

La faculté des remboursements des droits seigneuriaux ;

L'abolition des juridictions seigneuriales ;

La suppression des droits exclusifs de chasse, de colombier, de garenne ;

Le rachat de la dîme ;

L'égalité des impôts ;

L'admission de tous les citoyens aux emplois civils et militaires ;

La destruction de tous les privilèges de villes et de provinces ;

La réforme des jurandes ;

Et la suppression des pensions obtenues sans titres. (1)

Aujourd'hui, la France entière célèbre le centenaire de cette immense hécatombe, qui fut le signal de la grande rénovation sociale.

En attendant que nous puissions publier le **Panthéon du Vivarais**, auquel nous travaillons depuis plus de trente années, nous en avons détaché nos *députés aux États généraux de 1789*, et nous croyons apporter notre pierre au monument du Centenaire, en transmettant à la postérité les traits et la biographie de ces patriotes ardéchois qui, en votant les immortels principes de la Révolution, nous donnèrent la liberté.

Nous terminons en remerciant MM. les maires qui ont bien voulu rechercher et nous envoyer les extraits de naissance et de décès de nos députés, car on ne saurait croire combien il nous a été difficile de nous procurer des renseignements biographiques sur ces personnages de la Révolution. Il nous est arrivé de constater bien souvent que les descendants ne savaient presque rien sur leurs ancêtres. Ce n'est pas particulier au Vivarais, paraît-il. Un écrivain distingué, de la ville du Puy, dont l'obligeance égale le savoir, nous écrivait le 2 février dernier : « On a, en général, peu d'informations sur les hommes de la Révolution, époque cependant peu éloignée de nous. Pour la Haute-Loire, il est difficile de savoir l'époque de la naissance, la date de la mort de nos anciens représentants. Le même fait se reproduit à peu près dans tous les départements. Quant aux documents

---

(1) Guizot. — *Histoire de France.*

biographiques, ils sont à peu près nuls. Cette période de notre histoire n'est pas encore étudiée. »

Nous ne saurions oublier l'empressement que quelques compatriotes ont mis à nous adresser des notes biographiques, et tout particulièrement : M. de Montravel, à Joyeuse, dont la compétence en généalogies est bien connue ; M. Lascombe, conservateur de la bibliothèque de la ville du Puy ; M. le marquis de Vogüé ; M. Chalamon, arrière-petit-fils du député Defrance ; M. Benoit, à Saint-Priest ; M. Pastré, notaire à Jaujac, et M. de Gigord, de Saint-Mouline, pour leurs documents sur le député Dubois-Maurin ; M. l'abbé Chenivesse, curé d'Antraigues ; M. Rambaud, maire de Bourg-Saint-Andéol ; M. Firmin Boissin, rédacteur en chef du *Messager de Toulouse*, et M. Ceyte, curé de Coucouron, pour leurs renseignements sur l'abbé Chouvet, député du clergé ; M. Léopold Cuchet, à Aubenas, et M. Victorin Abrial, à Saint-Martin-de-Valamas, descendants du député Espic ; M. Ferdinand André, archiviste de la Lozère ; et enfin M. Eugène Scharff.

Grâce à l'obligeance de ces honorables correspondants, nous avons pu terminer notre œuvre. Qu'ils reçoivent ici l'expression de notre reconnaissance.

H. V.

Vals-les-Bains, le 31 mars 1889.

CONVOCATION
DES ÉTATS GÉNÉRAUX

Depuis 1614, les États généraux n'avaient plus été convoqués en France, lorsqu'en 1787, dans la première Assemblée des Notables, réunis à Versailles au nombre de 137 membres, du 22 février, jusqu'au 23 mai, pour indiquer les moyens d'améliorer les revenus de l'État et d'assurer leur libération entière, le général Lafayette demanda formellement que les députés de la nation fussent convoqués par le Roi.

Le 6 juillet suivant, le parlement de Paris se reconnut incompétent pour la vérification de deux édits bursaux, déclara qu'aux seuls représentants de la nation appartenait le droit d'accorder les subsides, et énonça la demande d'une prompte convocation des États généraux. Cette déclaration inattendue obtint l'assentiment universel et fut comme le premier signal d'une révolution désormais inévitable. Le vœu général ne tarda pas à l'emporter sur les répugnances de la cour, et une déclaration de Louis XVI, du 18 décembre 1787, annonça la convocation des États généraux, mais dans cinq ans seulement. Ce délai excita d'unanimes réclamations. La publication du *Mémoire* du comte d'Antraigues, le désordre des finances et les besoins toujours croissants du Trésor public firent sentir la nécessité de l'abréger. Un arrêt du Conseil d'État, du 8 août 1788, fixa au premier mai 1789 la tenue des États généraux du Royaume.

La question du nombre des députés donna lieu à des controverses d'autant plus animées, que cet élément avait constamment varié dans les quatre dernières sessions des États généraux, comme on peut le voir par le tableau suivant :

	1560	1576	1588	1614
Clergé	98	104	134	144
Noblesse	76	72	180	130
Tiers état	219	150	191	192

La deuxième Assemblée des Notables, composée comme la première, et réunie à Versailles depuis le 6 novembre jusqu'au 12 décembre 1788, à l'effet de donner son avis sur la formation et la composition des États généraux, pensa que le nombre des députés devait être, pour chaque bailliage, le même qu'en 1614. (1)

La majorité de cette assemblée s'était prononcée contre l'admission d'un nombre des députés du tiers état, égal à celui des autres ordres réunis. Mais, le 27 décembre, une ordonnance du Roi détermina que les députés aux prochains États généraux seraient au moins au nombre de mille ; que ce nombre serait formé en raison composée de la population et des contributions de chaque bailliage ; enfin, que le nombre des députés du tiers état serait égal à celui des deux autres ordres réunis.

---

(1) *Magasin pittoresque*. — 1835.

Dès ce moment, le tiers état, qui avait été le dernier formellement appelé aux assemblées de la nation, et dont la convocation ne remonte qu'au quatorzième siècle (1301), recouvra l'influence qu'il avait eue sous la seconde et même sous la première race, dans les champs de Mars, de Mai, dans les assemblées d'automne, dans les parlements ou plaids. La nécessité de sa participation aux affaires du gouvernement fut en quelque sorte consacrée par la fameuse brochure du comte d'Antraigues : *Mémoire pour le peuple français*, dont nous avons donné un extrait, et par une production de l'abbé Siéyès, dont voici le titre : 1° *Qu'est-ce que le Tiers-état ? Tout.* 2° *Qu'a-t-il été jusqu'à présent dans l'ordre politique ? Rien.* 3° *Que demande-t-il ? A devenir quelque chose.*

Ces deux publications obtinrent un succès extraordinaire.

ASSEMBLÉES PRÉPARATOIRES

POUR L'ÉLECTION DES DÉPUTÉS

—

RÉUNIONS DES TROIS ORDRES A ANNONAY

Séance du 27 Octobre 1788.

Ainsi que nous l'avons dit, l'Assemblée des Notables, convoquée pour le 6 novembre, avait pour mission de donner son avis sur la formation et la composition des États généraux. Or, pas un seul membre d'aucun des trois ordres du Vivarais n'y fut appelé. On conçoit combien cette omission était de nature à inquiéter les trois ordres des deux bailliages. Aussi, les voyons-nous se réunir et délibérer pour revendiquer le droit d'être largement représentés aux États généraux.

La première réunion eut lieu à Annonay, le 27 octobre 1788.

Le 30 octobre, les membres des trois ordres se réunirent une seconde fois, à l'hôtel-de-ville. Ayant reconnu la nécessité d'avoir un président, afin de pouvoir procéder avec ordre et méthode, ils nommèrent à l'unanimité M. Dayme, maréchal de camp. L'assemblée décida qu'il serait choisi, dans les trois ordres, six commissaires pour travailler conjointement avec le président à la rédaction d'un projet d'arrêté. Ces commissaires furent MM. l'abbé Colonjon, le marquis de Satillieu, de Canson, Chomel, avocat, Boissy d'Anglas et Monneron ainé.

L'assemblée confirma le même projet d'arrêté qu'elle avait voté le 27 octobre. (1)

---

(1) *Arrêté des trois ordres du pays de Vivarais*, du 27 octobre 1788, in 8°, 46 pages.

RÉUNIONS A VILLENEUVE-DE-BERG

Séance du 31 Octobre 1788

Les officiers de la sénéchaussée de Villeneuve-de-Berg se réunirent pour délibérer sur les principes et les usages qui ont dirigé en Languedoc, et particulièrement en Vivarais, la manière de « convoquer les peuples, lorsqu'il a été question d'élire des députés aux assemblées nationales. »

La délibération, qui contient des détails intéressants sur les États généraux, depuis Philippe-le-Bel, en 1303, jusques en 1614, se termine ainsi : « La compagnie, convaincue que
« les formes anciennes ont paru au Roi et aux Cours de
« Parlement, les seules nationales, régulières, parce que ce
« sont les seules qui donnent à chaque pays le moyen d'être
« représenté aux États généraux, attend avec confiance que
« le Vivarais sera maintenu dans le droit de députer par sé-
« néchaussée, parce que cette forme est la forme ancienne et
« constitutionnelle.

« Par ces motifs, la compagnie a unanimement délibéré de
« supplier Mgr le Garde des Sceaux, de vouloir mettre sous
« les yeux du Roi ses moyens et de faire accueillir ses justes
« réclamations.

« De supplier encore la souveraine Cour de Parlement
« d'agréer que cette sénéchaussée dépose en ses mains le
« soin de défendre ses droits et ceux du pays de Vivarais. » (1)

Séance du 16 Novembre 1788.

Le 16 novembre 1788, les conseillers politiques ordinaires et extraordinaires, et autres habitants, de Villeneuve-de-Berg,

---

(1) *Arrêté des trois ordres du pays de Vivarais, au sujet de l'élection de ses députés aux États généraux.* — à Bourg-Saint-Andéol, en Vivarais, 1788, in 8°, 25 pages.

régulièrement invités par convocation de la veille, se réunirent à l'hôtel-de-ville, sous la présidence de M. de Beaufort, avocat, premier consul-maire, pour adhérer à la juste réclamation faite par les officiers de la sénéchaussée de cette ville, par leur délibération du 31 octobre dernier.

L'assemblée adhéra aussi à l'arrêté pris par les membres des trois ordres du Vivarais, réunis à Annonay le 27 octobre, portant : « Que le Vivarais doit avoir, comme le reste de la
« nation, l'avantage d'être représenté aux États généraux par
« des députés pris dans ses trois ordres, et élus par leur suf-
« frage libre et volontaire.

« Qu'il ne pourrait être légalement représenté dans cette
« Assemblée par des hommes choisis hors de son sein, et
« qui n'auraient pas été librement et volontairement élus par
« ses différents ordres.

« Qu'il doit être autorisé à assembler les trois ordres, pour
« procéder d'une manière libre à l'élection de ses
« représentants.

« Qu'il sera en conséquence adressé un mémoire au Roi,
« pour lui exposer les droits du pays de Vivarais, et pour le
« supplier de les prendre en considération, lorsqu'il daignera
« convoquer les États généraux. »

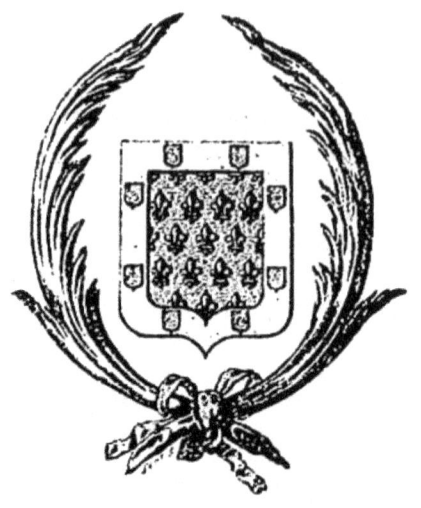

ASSEMBLÉE GÉNÉRALE

DES TROIS ORDRES DU VIVARAIS

TENUE A PRIVAS

Séance du 17 Décembre 1788

Les membres des trois ordres, convoqués au son de la cloche et du tambour, s'assemblèrent dans l'église des Récollets, à Privas, le 17 décembre à dix heures du matin.

M. Dayme, nommé président de l'assemblée d'Annonay, prit la parole et proposa de procéder à l'élection d'un président de l'assemblée de Privas, qui réunissait tous les membres des trois ordres du Vivarais.

Le comte de Balazuc, acclamé président, se leva et prononça une allocution des plus patriotiques. Puis, le marquis de Satillieu, l'un des commissaires du Haut-Vivarais, développa la marche qui avait été suivie jusqu'alors pour la défense des intérêts généraux du Vivarais.

Sur l'invitation du président, M. Boissy d'Anglas, membre de la commission du Haut-Vivarais et secrétaire des trois ordres, lut le procès-verbal de l'assemblée du 30 octobre, à Annonay, qui fut approuvé à l'unanimité et signé par tous les membres présents.

On proposa de nommer une commission pour agir en conséquence de la signature de l'arrêté, et pour veiller plus particulièrement aux intérêts de la province du Vivarais. Il fut convenu que cette commission serait composée de vingt-quatre membres et que, selon l'exigence des cas, elle pourrait être augmentée.

Les six commissaires nommés à l'assemblée du 27 octobre furent maintenus, et on leur adjoignit MM. l'abbé Montgolfier, pour le clergé; de Monteil et de Serres, pour la noblesse; Desfrançais-Delolme, Duret, négociant, et Duret, médecin, pour le tiers état.

A l'unanimité, M. Dayme fut réélu président, et Boissy d'Anglas, secrétaire.

Après que ce dernier eut donné lecture à l'assemblée de diverses lettres que la commission avait reçues, le président invita les personnes qui avaient des observations utiles à faire, de vouloir bien les communiquer.

M. Dalmas, avocat, membre du tiers état, prit aussitôt la parole et prononça ce beau discours : « Les États
« généraux seront donc convoqués, Messieurs, dit-il, il
« n'en faut plus douter : mais quelle doit être la forme de
« cette convocation ; comment doivent se faire les dépu-
« tations à cette Assemblée intéressante, quelle sera la pro-
« portion des députés des différents ordres de l'État ?......

« Il a paru sur cette matière de très bons écrits, et l'on

« doit en particulier les plus grands éloges à celui de
« M. le comte d'Antraigues, un de nos compatriotes. Les
« principes les plus lumineux sur notre constitution sont
« développés, avec autant d'énergie que de noblesse, dans cet
« ouvrage précieux, qui passera à la dernière postérité, et
« qui rallumerait dans tous les temps le feu du patriotisme
« s'il pouvait jamais s'éteindre.........................

« Le Tiers-état, selon les calculs les plus probables,
« forme les vingt-neuf trentièmes du Royaume, il paye les
« sept huitièmes des impôts, il est exclu des grâces, des
« distinctions honorifiques, qui sont depuis longtemps le
« partage du Clergé et de la Noblesse ; c'est dans cet ordre
« que se trouve la partie la plus malheureuse, la plus
« pauvre, la plus souffrante et cependant la plus utile de
« l'État ; les impôts, chez lui, prennent la plupart du temps
« sur le nécessaire. On ne peut donc se dissimuler le grand
« intérêt qu'il a d'assister à des délibérations où il s'agit
« toujours de sacrifier une partie de sa propriété ou de sa
« liberté.

« Et comment se refuser dès lors à sa demande qui ne
« tend qu'à avoir dans l'assemblée de la nation des
« députés en nombre égal à ceux du Clergé et de la
« Noblesse, tandis qu'il ne serait peut-être pas déraison-
« nable de prétendre à un nombre supérieur. »

Après M. Dalmas (1), le secrétaire Boissy d'Anglas
prononça un discours empreint du plus ardent patriotisme.
« Non, citoyens de tous les ordres, dit-il, vous que les
« distances n'ont pu désunir et les obstacles séparer ; vous
« que le même patriotisme a rassemblés dans un même lieu,
« de tous les points du Vivarais, et dont le zèle a bravé
« jusqu'aux rigueurs d'une saison presque invincible dans

---

(1) Dalmas (Joseph-Benoit), d'Aubenas, fut élu député à l'Assemblée législative de 1791 et au Corps législatif, en 1803. A cette
époque, il était maire d'Aubenas.

« vos climats ; vous ne séparerez, j'ose le croire, ni vos
« vœux, ni vos intérêts. Ce n'est que du concours de toutes
« nos forces que notre liberté peut renaître et que le bien
« général peut s'opérer. Demandons tous à la fois et par
« un seul cri, le redressement de tous nos griefs, et la
« réparation de tous les abus qui nous oppressent. Unis-
« sons-nous à jamais par les liens du patriotisme.

« Et ne sommes-nous pas tous les descendants de ces
« braves habitants du Vivarais, qui, en 1585, lorsque la
« nation, livrée à toutes les horreurs des guerres civiles,
« était également déchirée, et par la Ligue et par le parti
« protestant, se réunirent en un même lieu, comme nous
« sommes réunis dans le même esprit qui nous anime et
« sans distinction de rang ni de parti, jurèrent tous à la
« fois, par un serment inviolable, d'éloigner à jamais loin
« d'eux tout ce qui pourrait leur être un sujet de discorde,
« de garder et observer les Édits de pacification, et de se
« contenir tous en paix, sous l'obéissance du Roi et de ses
« Lieutenants-Généraux, *sans faire aucune cause ni*
« *entreprise* les uns contre les autres, de se tenir avertis, si
« aucunes s'en fesaient par à après, afin de courir unani-
« mement *contre ceux qui voudraient entreprendre de*
« *troubler le repos du Pays.* » (1)

Le comte de Serres, membre de la noblesse du Haut-
Vivarais, prit également la parole. Enfin, M. l'abbé
Colonjon, chanoine de la collégiale d'Annonay, termina la
série des discours.

Ensuite, le président proposa de choisir parmi les
membres des trois ordres du Bas-Vivarais, un nombre de
commissaires égal à celui adopté par le Haut-Vivarais,
afin de ne former qu'une seule commission.

Ces douze commissaires furent :

---

(1) *Procès-verbal de l'Assemblée générale des trois ordres du
Vivarais*, tenue à Privas.—Bourg-Saint-Andéol, in-12, 1789, 148 p.

Pour le Clergé :

MM. de Pampelonne, archidiacre de Viviers, et Saladin, curé de Privas.

Pour la Noblesse :

Le baron Guyon de Pampelonne ; le comte de Jovyac, maréchal de camp ; le comte de Colonne, et le baron de Saint-Pierreville.

Pour le Tiers état :

MM. Barthélemy ; Vacher ; Espic ; Madier de Montjau, Roure et Bouvier.

Il fut décidé que, quoique le siège de chacune de ces deux commissions fût différent, à cause de la distance qui les sépare, elles n'en formeraient pas moins une seule et même commission, composée de vingt-six membres, dont un président, un vice-président et vingt-quatre commissaires, et se réunirait en un même lieu toutes les fois qu'il y aurait urgence.

L'assemblée arrêta également que cette distinction de Haut et de Bas-Vivarais, purement géographique, n'apporterait aucune différence dans les sentiments qui doivent inspirer tous les membres d'un même pays, et serait considérée comme n'existant pas.

La séance fut levée aux acclamations de : Vive le roi et vive les trois ordres du pays de Vivarais !

Le même jour, à cinq heures, l'assemblée se réunit encore pour délibérer sur la proportion à suivre pour la représentation de chaque ordre. Il fut décidé, à l'unanimité, que le pays de Vivarais ne se considérerait comme légalement et suffisamment représenté aux États généraux, qu'autant que la proportion des députés de chaque ordre, serait celle adoptée dans la formation des États du

Dauphiné, c'est-à-dire que les députés du Clergé formeraient la sixième partie de l'Assemblée, ceux de la Noblesse, le tiers, et ceux du Tiers état, la moitié.

Le marquis de Satillieu proposa de délibérer sur l'organisation des États de Languedoc et du Vivarais, et de déterminer s'il était convenable de rester soumis à la forme d'administration qui régissait alors cette province.

Le secrétaire Boissy d'Anglas prit la parole et prononça un discours très substantiel. Il démontra que la constitution des États de Languedoc était vicieuse. Qu'il n'y avait d'abord aucune élection dans les deux premiers ordres, et celle du troisième était essentiellement incomplète; qu'il fallait adopter la constitution à laquelle le Dauphiné venait de se soumettre, et renoncer à l'ancienne forme d'administration pour lui en substituer une plus constitutionnelle.

Après ce discours, il fut arrêté, à l'unanimité, de protester « contre l'organisation des États généraux du Languedoc et « particuliers du Vivarais, comme étant illégale dans son « principe, inconstitutionnelle, non représentative, illusoire « dans ses effets et contraire aux droits des citoyens. »

La séance se termina par les cris de : Vive le roi et vive les trois ordres du Vivarais !

Séance du 18 Décembre

Le marquis de Satillieu ouvrit la séance et pria le secrétaire de relire le dernier article arrêté la veille. Le président fit observer que quelques membres de l'assemblée, sans se départir des principes qui avaient motivé cet arrêté, trouvaient néanmoins que le mot *protestation* était peut-être un peu sévère. Le vicomte de Vinezac prit la parole et soutint « que l'article, tel qu'il était énoncé, n'était susceptible d'aucune modification ; qu'il était impossible de réclamer avec modération contre une constitution que l'on était déterminé à abattre ; qu'il fallait nécessairement en indiquer les vices, afin de motiver la détermination prise contre elle ; que la protestation était indispensable ; qu'elle n'était sous aucun rapport opposée à la soumission envers le Roi. »

Sur la proposition de MM. Madier de Montjau, Espic et Duclaux, l'article fut un peu modifié.

Des remerciements furent votés au comte d'Antraigues, pour son zèle et ses incessantes démarches pour le soutien de la cause du pays.

La séance fut levée aux cris de : Vive le roi, vive les trois ordres du Vivarais et vive le marquis de Satillieu !

.·.

Le même jour, l'assemblée se réunissait encore à cinq heures.

A l'ouverture de la séance, le baron de Fay-Salignac présenta l'adhésion du marquis de Fay-Latour-Maubourg, baron des États de Languedoc et du Vivarais, ainsi conçue :

« Étant citoyen et gentilhomme avant d'être baron du Vi-
« varais, je déclare que j'adhère à tout ce qui pourra être
« arrêté dans l'assemblée de Privas, et je prie M. le baron de
« Fay de signer pour moi les délibérations de cette assemblée
« et de demander qu'on y joigne la présente adhésion. —
« A Maubourg, le 15 décembre 1788.

« Signé : FAY, marquis DE LA TOUR MAUBOURG »

Cette patriotique adhésion fut chaleureusement applaudie par l'assemblée.

M. Roussel, bailli perpétuel de Montlaur et, en cette qualité, membre inamovible des États du Vivarais, déclara qu'il adhérait aussi à toutes les résolutions

L'assemblée, voulant rendre hommage au patriotisme du marquis de Satillieu et au talent qu'il avait déployé dans l'exposé des motifs sur lesquels elle avait à délibérer, lui décerna une couronne, que M. Dayme fut prié de lui présenter;

le marquis la refusa, tout en témoignant sa vive reconnaissance à l'assemblée.

Il fut ensuite délibéré que l'arrêté de l'assemblée serait adressé à M. de Villedeuil, secrétaire d'État, ayant le département de la Province; à M. Necker, ministre d'État, et à M. le garde des sceaux, avec prière de le mettre sous les yeux du roi, et de prendre en considération les justes demandes des trois ordres du Vivarais.

Le président, ayant fait remarquer que le Vivarais avait à Paris deux citoyens distingués sous tous les rapports, et tous les deux chers à leur patrie : le vicomte de Monteil, capitaine des Suisses de la garde de Monseigneur le comte d'Artois, et le comte d'Antraigues, proposa de leur expédier un courrier chargé de leur remettre les arrêtés destinés aux ministres.

La séance fut levée sur cette proposition, qui fut votée à l'unanimité.

Séance du 19 Décembre

Le marquis de Satillieu, ayant rendu compte à l'assemblée de ses délibérations de la veille, un grand nombre de membres firent observer que les démarches que pourraient faire deux citoyens du Vivarais, actuellement à Paris, rempliraient imparfaitement le but que se proposaient les trois ordres ; tandis qu'une députation envoyée directement au roi par l'assemblée elle-même et choisie dans son sein, serait à la fois plus respectueuse et plus digne d'une province entière.

L'abbé de Pampelonne, le marquis de Satillieu et Boissy d'Anglas furent choisis à l'unanimité pour se rendre à la cour et porter au roi les réclamations des trois ordres du pays de Vivarais, énoncées dans leur arrêté, que nous reproduisons aux *Pièces justificatives*.

L'assemblée de Privas fut une des plus importantes de

celles qui furent tenues en France pour préparer l'élection des députés aux États généraux. 560 personnes des trois ordres, parmi lesquelles on comptait plus de 200 gentilshommes et 82 curés, y prirent part. L'arrêté, signé par tous les membres, sans distinction d'ordre ni de rang, fut très remarqué : le *Courrier de l'Europe* le publia presque en entier. (1)

Courrier de l'Europe, Londres, t. XXV, p. 26.

SÉNÉCHAUSSÉE D'ANNONAY

ASSEMBLÉE GÉNÉRALE

DES TROIS ORDRES DU HAUT-VIVARAIS

TENUE A ANNONAY

NOBLESSE

Sur la convocation de M. le sénéchal du Vivarais, conformément au mandement du roi, l'ordre de la noblesse de la sénéchaussée d'Annonay se réunit le 21 mars 1789, dans la salle du prieuré de cette ville, sous la présidence de M. le vicomte de Monteil, sénéchal d'épée du Haut et Bas-Vivarais, ayant pour secrétaire M. de Mongolfier. Après avoir délibéré que la rédaction des cahiers et l'élection des députés seraient

faites par chaque ordre séparément, l'assemblée nomma deux députés : le marquis de la Tourrette et le comte de Gain pour porter au tiers état, assemblé dans l'église des Cordeliers « un témoignage authentique des principes d'équité
« et de justice qui guidaient toutes ses actions, et du désir
« que la noblesse avait d'établir sur ces principes une union
« stable entre tous les ordres. Elle délibéra par acclamation
« de supporter en parfaite égalité, et chacun proportionnel-
« lement à sa fortune, toutes les contributions ; elle attendait
« de son côté que, guidé par les même principes, le tiers état
« respecterait ses propriétés que le temps et la possession
« avaient rendues sacrées. La noblesse ne se réservait que
« les distinctions que lui avaient méritées ses services et le
« privilège d'être le premier et le principal soutien des lois
« et de la monarchie. »

L'assemblée ayant ensuite délibéré d'envoyer deux autres députés à l'ordre du clergé, réuni à l'hôtel-de-ville, pour lui faire part de cette démarche, nomma le comte de Serres et le baron de Fay de Salignac.

La rédaction des cahiers fut confiée à six commissaires. Furent nommés à l'unanimité : MM. le comte de Serres, Dayme, Lombard de Quincieux, le comte de Gain, le marquis de la Tourrette et le marquis de Satillieu.

Élection du Député

Le 25 mars, on procéda à la nomination des scrutateurs ; sur 58 votants, M. de Monteil de Corsas obtint 53 voix, le baron de Fay de Salignac 52 et M. de Bozas 45.

Enfin le scrutin pour l'élection du député fut ouvert. Sur 104 votants, le marquis de SATILLIEU obtint 62 voix. Il accepta le mandat et exprima sa reconnaissance pour le témoignage de confiance que lui donnait l'assemblée.

Il fut délibéré que le mandat, contenant les pouvoirs confiés au député de la noblesse, serait signé par les six commissaires rédacteurs du cahier, conjointement avec le président et le secrétaire. (1)

CLERGÉ

Le 21 mars 1789, l'ordre du clergé de la sénéchaussée d'Annonay se réunit à l'hôtel-de-ville, sous la présidence de M. l'abbé François de Barjac, doyen de l'église collégiale et paroissiale de Tournon, avec M. l'abbé Gros, curé de Talancieu, pour secrétaire.

L'assemblée, ayant pris en considération la motion du président et l'ayant adoptée, délibéra immédiatement que l'ordre étant composé du clergé séculier, régulier et bénéficier simple des diocèses de Vienne, Valence et Viviers, il serait à propos de choisir, pour la rédaction des cahiers, des commissaires de chacun de ces différents diocèses. Furent nommés : MM. Dupeloux de la Vilette, vicaire général du diocèse de Vienne, chanoine de Saint-Pierre ; Chaléat, curé de Saint-Félicien ; Dode, official et archiprêtre de Valence, curé de Saint-Péray ; Comte, curé de Chalancon ; Gros, prieur, curé de Saint-Clair ; Offarell, prieur de La Mure, et le R. P. Pourret, provincial des RR. PP. Cordeliers d'Annonay.

MM. Dupeloux de la Vilette, et l'abbé Comte furent priés d'aller porter les vœux de l'assemblée, qui s'accordaient parfaitement avec ceux de l'ordre de la noblesse et du tiers état. Le clergé consentait par acclamation à partager les charges de l'État avec les deux autres ordres.

Les mêmes députés se rendirent chez M. le sénéchal pour lui proposer de célébrer une messe du Saint-Esprit, le 23 mars, au lieu et à l'heure qu'il voudrait, à laquelle assisteraient les trois ordres.

---

(1) *Archives de l'Ardèche.*

Élection du député

Le 26 mars, à la reprise de ses séances, l'assemblée procéda à la nomination des scrutateurs qui devaient constater les résultats du scrutin qu'on allait ouvrir. Furent désignés : MM. Dupeloux de la Vilette, vicaire général du diocèse de Vienne ; Comte, curé de Chalancon, et Chaléat, curé de Saint-Félicien.

Au premier tour, M. Dode, official archiprêtre et curé de Saint-Péray, fut élu député du clergé de la sénéchaussée d'Annonay.

Une députation de cinq membres fut envoyée à M. le sénéchal, pour l'informer de cette élection.

Une autre députation de quatre membres fut envoyée au maire de la ville d'Annonay, pour le remercier d'avoir bien voulu mettre à la disposition du clergé la salle de l'hôtel-de-ville pour y tenir ses séances. (1)

TIERS ÉTAT

Le 21 mars 1789, à 8 heures du matin, dans l'église des Cordeliers d'Annonay, s'ouvrit l'assemblée du tiers état du Haut-Vivarais, sous la présidence de M. Jean Marie Desfrançais-Delolme, juge-mage, lieutenant-général de la sénéchaussée d'Annonay, ayant pour secrétaire Michel-Marie Chapuis, conseiller du roi, greffier en chef de ladite sénéchaussée.

A l'unanimité, l'assemblée arrêta que le tiers état rédigerait ses cahiers et nommerait ses députés séparément, sauf, après la rédaction de ses cahiers, à les communiquer aux deux autres ordres.

---

(1) *Archives de l'Ardèche.*

La rédaction des cahiers fut confiée à douze commissaires : Boissy d'Anglas ; — Saint-Martin ; — Fournat d'Ay ; — Bouteaud, avocat ; — Chomel, avocat du roi ; — Garnier, seigneur de Pierregourde ; — Duret, négociant ; — Gaillard, conseiller du roi ; — Dupré, avocat ; — Pourret, avocat ; — Cheize, négociant ; — et Blachier, maire de Tournon.

Quatre autres commissaires furent nommés pour la vérification des pouvoirs.

Séance du 23 mars.

L'assemblée, ayant pris en considération les vœux de l'ordre du clergé et de la noblesse, une réponse fut rédigée et portée à chacun des deux ordres assemblés. Celle adressée au clergé était ainsi conçue : « Le tiers
« état a été infiniment sensible aux sentiments qui ont
« dicté le premier arrêté du clergé, et à l'empressement
« que cet ordre a mis à les lui manifester. Accou-
« tumé depuis longtemps à en respecter les membres, il
« n'attendait pas moins de son désintéressement et de son
« zèle. Il espère pouvoir le convaincre par toutes ses
« démarches de sa profonde vénération. »

L'adresse destinée à l'ordre de la noblesse n'était pas moins expressive : « Le tiers état sent tout le prix de l'engagement
« solennel que la noblesse a contracté par sa première déli-
« bération, et qu'elle s'est empressée de lui manifester, de
« supporter avec lui, sans nulle distinction, le fardeau des
« impôts. Convaincu du grand intérêt qu'ont les trois ordres
« de rester inséparablement unis, il mettra tous ses soins à
« entretenir cette heureuse harmonie ; il se fera toujours un
« devoir de respecter les distinctions honorables dont
« jouissent les nobles, et qui sont essentiellement liées à la
« Constitution de la monarchie. Ces distinctions sont vérita-

« blement des propriétés sacrées, que doit être jaloux de
« conserver un ordre dont la gloire et l'honneur sont le
« mobile et la récompense. »

Séance du 24 mars.

Jean Fournat d'Ay, Boissy d'Anglas et Terrasse, député de Saint-Romain-de-l'Air, furent nommés scrutateurs, et aussitôt après, le scrutin fut ouvert.

Premier tour de scrutin, votants : 242.

Boissy d'Anglas fut élu par 163 voix.

Au second tour, et avec le même nombre de votants, Monneron aîné fut élu second député par 164 voix. Mais ce dernier étant absent, l'assemblée décida qu'il y avait lieu de lui nommer un suppléant pour le cas où il n'accepterait pas le mandat ; un troisième tour de scrutin fut donc ouvert, et Saint-Martin, avocat, fut élu par 135 voix sur 215 votants.

Une députation de six membres fut aussitôt envoyée au sénéchal pour l'informer de ces élections.

PRESTATION DE SERMENT

Le 29 mars, les députés des trois ordres s'assemblèrent dans l'église des Cordeliers d'Annonay, sous la présidence de François-Louis, vicomte de Monteil, maréchal des camps et armées du roi, sénéchal d'épée du Haut et Bas-Vivarais, assisté de Jean de Lombard, écuyer, conseiller du roi et son procureur en la sénéchaussée d'Annonay. Michel-Marie Chapuis, conseiller du roi, greffier en chef de ladite sénéchaussée, remplissait les fonctions de secrétaire.

Le clergé était placé à droite, la noblesse à gauche et le tiers état en face du président.

Le procureur du roi ayant requis le serment aux députés, M. l'abbé Dode, curé de Saint-Péray, député du clergé, ayant la main droite sur sa poitrine, jura de bien et fidèlement remplir son mandat, et de se conformer aux pouvoirs contenus dans les cahiers de doléances de son ordre.

Puis, le marquis de Satillieu, député de la noblesse, Boissy d'Anglas et Saint-Martin, députés du tiers état, ayant la main droite mise sur les saints évangiles, jurèrent également de remplir avec honneur et fidélité leur mandat.

Il fut ensuite délivré à chacun des députés les cahiers de doléances et instructions les concernant. Il leur fut délivré aussi une expédition en forme du procès-verbal de leur élection et prestation de serment.

Charles-Claude-Ange Monneron, absent au moment de son élection, rentra quelques jours après à Annonay. Ayant accepté le mandat dont l'avaient honoré ses concitoyens, il prêta serment (1) et assista à l'ouverture des États généraux, le 5 mai.

---

(1) *Archives de l'Ardèche.*

SÉNÉCHAUSSÉE
DE VILLENEUVE-DE-BERG

ASSEMBLÉE GÉNÉRALE
DES TROIS ORDRES DU BAS-VIVARAIS
TENUE A VILLENEUVE-DE-BERG

—

Par mandement du roi, adressé au sénéchal du Vivarais le 7 février 1789, les trois ordres du Bas-Vivarais furent convoqués pour procéder à la rédaction de leurs cahiers de plaintes et doléances, et à l'élection de leurs députés aux États généraux, dans la proportion déterminée par la lettre royale.

La première séance eut lieu le 26 mars 1789, sous la présidence de M. de Barruel, écuyer, conseiller du roi, juge-mage, lieutenant-général en la sénéchaussée de Villeneuve-de-Berg, présidant l'assemblée en l'absence du vicomte de Monteil, sénéchal d'épée du Vivarais.

Tous les membres des trois ordres réunis dans l'église paroissiale Saint-Louis, assistèrent à la messe du Saint-Esprit, qui fut célébrée par Mgr de Savine, évêque de Viviers.

Après la messe, l'assemblée prit séance dans l'ordre suivant : le clergé à droite, la noblesse à gauche et le tiers état en face du bureau, au bas de l'escalier du chœur, au milieu de la nef.

Deux discours furent prononcés, l'un par le juge-mage, l'autre par le procureur du roi.

La cérémonie religieuse et les discours d'ouverture terminés, chaque ordre se retira dans des locaux séparés.

Le clergé se rendit à la chapelle des pénitents, la noblesse se réunit, pour la première séance, dans la grande salle de l'hôtel du juge-mage et ensuite dans la maison de madame Rigaud, veuve de l'avocat, à la place de l'ormeau. Quant au tiers état, il se réunit à l'hôtel-de-ville, au nombre de près de quatre cent cinquante, malgré les absences, (1) et l'on procéda immédiatement à la vérification des pouvoirs.

Le clergé nomma pour président Mgr de Savine ; pour secrétaire M. Jallade, curé de Gourdon, homme jeune, actif et plein de patriotisme ; quatre commissaires vérificateurs des pouvoirs et des titres : MM. Boissin, prieur-curé de Saint-Didier ; Doumain, curé de Villeneuve-de-Berg ; Roux, curé de Freyssenet, et Darboux, prieur-curé de Darbres.

L'ordre de la noblesse choisit pour président le comte de

---

(1) L'abbé Mollier. — *Recherches sur Villeneuve-de-Berg*, p. 289.

Balazuc; pour secrétaires le comte d'Antraigues et M. de Tayernol; pour commissaires vérificateurs, MM. de Lagorce, de Mallian, de Pampelonne et de Saint-Pierreville.

Le tiers état s'assembla sous la présidence du juge-mage, avec M. Heyraud pour secrétaire.

Le 27 mars, on continua la vérification des titres de noblesse. (1)

Le lendemain, les trois ordres se rendirent en corps à l'église Saint-Louis, où la messe fut célébrée par l'abbé Doumain, curé de Villeneuve. Après l'appel des membres, M. Vezian, avocat du roi, prit la parole et prononça un discours pour exhorter l'assemblée à la concorde.

Tous les membres prêtèrent serment de travailler consciencieusement à la rédaction des cahiers de pétitions et doléances.

Après cette imposante cérémonie, chaque ordre se retira dans sa salle respective et choisit une commission pour la rédaction de ses cahiers.

Du 29 mars au 1er avril, les diverses commissions préparèrent leurs travaux, qui furent interrompus et troublés par l'assassinat de Pierre Barbut, député du Travers, près de Saint-Laurent-les-Bains. Ce député du tiers état allait loger tous les soirs à Saint-Jean-le-Centenier, avec Jean Talagrand, député de Laval d'Aurelle, lorsque le 29 mars, il fut tué par des scélérats des environs. Talagrand ne fut que blessé. Un service funèbre solennel fut célébré pour le défunt le premier avril, par Mgr l'évêque. Les trois ordres y assistèrent en corps avec la ville tout entière.

Le lendemain, 2 avril, plusieurs discours furent prononcés, on y donna lecture des cahiers des instructions et doléances, qui furent ratifiés et signés. Puis on vota les

---

(1) Procès-verbal de l'Assemblée générale des trois ordres du Bas-Vivarais. — *Bourg-Saint-Andéol*, in 4°, 105 p.

honoraires des députés, que l'on fixa à vingt louis d'or, pour le voyage, aller et retour, et douze livres par jour, pendant toute la durée de la session des États généraux.

ÉLECTION DES DÉPUTÉS DU TIERS ÉTAT

3 Avril. — Premier député : Espic (Jean André), avocat à Aubenas, élu par 396 voix sur 413 votants.

Second député : Madier de Montjau (Noël Joseph), maire de Bourg-Saint-Andéol, élu par 224 voix sur 413 votants.

4 Avril. — Il y eut trois tours de scrutin pour le troisième député. Au second tour, sur 408 votants, Dubois-Maurin obtint 115 voix et Defrance 191. Aucun n'ayant encore réuni la majorité, il fut ordonné qu'on procèderait au troisième tour, le lendemain dimanche. Cette fois, Dubois-Maurin (Pierre), conseiller du roi, à Jaujac, fut proclamé troisième député.

Le même jour, on procéda à l'élection du quatrième député. Personne n'ayant réuni la majorité des suffrages au premier tour, il fut procédé à un nouveau scrutin le lendemain, 6 avril. Sur 394 votants, Defrance (Pierre-Simon), avocat à Privas, obtint 282 voix et fut proclamé quatrième et dernier député du tiers état.

Députés Suppléants

Vacher (Jean-Baptiste-Louis), avocat à Vesseaux, fut élu par 113 voix; Gérard, baron de Montfoy, de Privas, obtint 92 voix.

ÉLECTION DES DÉPUTÉS DE LA NOBLESSE

Pendant que le tiers état nommait ses députés, la noblesse procédait à l'élection des siens. Elle choisit le comte de Vogüé (Cérice-François-Melchior). maréchal de camp, et le comte d'Antraigues (Emmanuel-Henry-Alexandre de Launay).

Députés suppléants

Le marquis de Jovyac (Jean-Antoine d'Hilaire), maréchal de camp ;

Le baron de Pampelonne (Jacques Joseph), capitaine d'artillerie.

ÉLECTION DES DÉPUTÉS DU CLERGÉ

L'ordre du clergé montra moins d'union pour l'élection de ses députés. Trois partis s'élevèrent dans son sein, représentés, le premier par Mgr l'évêque et son chapitre ; le second par les prieurs de Colombier et de Nieigles, les abbés Pascal et Malosse, et le troisième par l'abbé Chouvet, curé de Chomérac. L'abbé Pascal, homme fort instruit et qui se plaisait dans la société des savants, était d'un caractère vif et emporté. Chaque fois que ses adversaires élevaient la voix, il changeait de place, sautait et bondissait. Il avait pour confident l'abbé Roux, curé de St-Maurice-d'Ardèche, et professeur de belles-lettres à Aubenas. L'abbé Malosse, ancien professeur de rhétorique au Puy, n'était pas moins savant que le prieur de Colombier. Doué d'un caractère aimable, il poussait si loin la tolérance que parfois elle dégénérait chez lui en faiblesse. Le comte d'Antraigues le visitait souvent et se plaisait à lui soumettre ses ouvrages. Quant à l'abbé Chouvet, le plus adroit de tous, quoique moins bruyant, il avait agi secrètement pour se procurer des voix. Quelque temps auparavant, dans une réunion tenue à Aubenas, un certain nombre d'ecclésiastiques, à la tête desquels se trouvait l'abbé Pascal, s'étaient engagés à ne nommer pour députés que des curés ou des prieurs, le caractère trop facile du prélat du diocèse les faisant douter de sa fermeté. Mais la désunion se mit entre les deux prieurs. L'abbé Malosse n'eut que 112 voix, tandis que Mgr de Savine en obtint 116. Les autres se réunirent sur la tête du curé de Saint-Maurice. Au deuxième tour de scrutin, c'est l'abbé Chouvet qui obtint la majorité.

Quant au député suppléant, ce fut l'abbé de Pampelonne qui fut élu, après une séance des plus tumultueuses. Tous les efforts de l'abbé Pascal et de l'abbé Blanc, prieur de Vals, pour empêcher ce choix furent inutiles. (1)

Mgr Charles de Savine n'accepta pas la députation, et ce fut l'abbé de Pampelonne, archidiacre de la cathédrale de Viviers, qui le remplaça. Le clergé du Bas-Vivarais ne gagna rien à cette substitution. On sait en effet que l'abbé de Pampelonne imita l'évêque dans son serment.

---

(1) *Procès-verbal de l'assemblée des trois ordres, tenue à Villeneuve-de-Berg.*

PRESTATION DE SERMENT

Les membres des trois ordres du Bas-Vivarais se réunirent en assemblée générale, dans l'église Saint-Louis, sur la convocation qui leur en avait été faite par le procureur du roi, pour assister à la prestation de serment des députés et à la remise des cahiers des instructions et doléances.

Les députés du clergé, la main mise sur la poitrine, ceux de la noblesse et du tiers, la main levée à Dieu, prêtèrent serment « de bien et fidèlement remplir leur mission, d'observer avec zèle, honneur et fidélité le mandat dont ils étaient chargés. »

On leur remit ensuite les cahiers respectifs de chaque ordre. Ceux de la noblesse et du tiers état contenaient cette injonction : « Il est ordonné aux députés de se rendre à Villeneuve-de-Berg quarante jours après la tenue des Etats, pour rendre compte de leur conduite à leur ordre, qui, dès cet instant, les convoque pour cette époque. »

Enfin l'assemblée donna aux députés charge, pouvoir et mandat de se trouver, le lundi 25 avril, à Versailles et à l'ouverture des Etats généraux. (1)

---

(1) L'abbé Mollier. — *Recherches sur Villeneuve-de-Berg*, p. 293.

CAHIERS DE DOLÉANCES

Nous avons compulsé les cahiers de doléances et instructions des trois ordres du Vivarais, et nous en avons extrait, textuellement, les articles qui nous ont paru les plus remarquables.

Le cahier de la *noblesse* de la sénéchaussée de Villeneuve-de-Berg, contient 63 articles.

En voici cinq que nous avons relevés :

Art. 38. — « L'ordre de la Noblesse ayant perdu une foule d'emplois qui lui étaient particulièrement attribués, et l'honneur d'être noble, étant un malheur de plus pour un noble indigent, l'ordre demande que la loi de Bretagne soit généralement adoptée.

Art. 41. — Tous les citoyens, nobles ou roturiers, seront admis aux charges de la magistrature, nonobstant tout arrêté contraire des cours souveraines ; les charges de magistrature seront données au concours entre les prétendants, et le fils du maître préféré à mérite égal.

Art. 53. — Suppression des lettres de surséances des privilèges exclusifs, et autant que les circonstances pourront le permettre, l'abolition des loteries.

Art. 54. — Il sera établi dans toute l'étendue du Royaume, un même poids et une même mesure.

Art. 58. — Obtenir que les protestants servent dans l'armée, et ceux qui y ont servi le temps prescrit, seront décorés de la croix du mérite Militaire, après le temps de service exigé pour l'obtention de la croix de Saint-Louis, et que leurs enfants soient admis à l'Ecole militaire. »

..

Le cahier du *clergé* de la même sénéchaussée contient deux articles dignes de remarque.

« La mendicité des vagabonds qui courent d'un bout de la province à l'autre est un des abus qui doivent exciter le zèle des Etats généraux ; des mendiants inconnus sont souvent des voleurs et des assassins travestis qui parcourent impunément les villes et les campagnes........................

C'est en vain que le Languedoc paye cinquante mille livres par an, pour faire cesser cet abus.

Sur la liberté de la presse, il est dit : « Les ministres de la religion sont justement alarmés par les dangers qui menacent la France; une philosophie licencieuse ne cesse de combattre ce qu'il y 'a de plus sacré et de blasphémer ouvertement. Pourrions-nous ne pas supplier le plus chrétien des rois de continuer à protéger cette religion, qui fait le plus bel ornement et le plus ferme appui de son trône; de réprimer la licence scandaleuse de ces écrivains, également ennemis de toute autorité divine et humaine. » ? (1)

On conviendra que, de nos jours, nous avons une certaine littérature qui ne vaut même pas celle que déplorait le clergé du Bas-Vivarais, en 1789.

---

(1) L'abbé Mollier. — *Recherches sur Villeneuve-de-Berg*, p. 291.

Le cahier du *tiers état* du Bas-Vivarais contient 63 articles. Parmi ceux que nous avons relevés, le sixième exprime une des plus justes réclamations que nous ayons vu formuler dans les cahiers de doléances.

Art. 6. — « Le Vivarais, comme tous les pays de montagne, est exactement circonscrit dans ses productions ; la plupart des terres, situées sur des pentes rapides, ne sont soutenues que par des murailles exposées à être continuellement renversées par la rapidité des eaux ; les frais de culture sont très considérables, et son sol très ingrat. Les députés présenteront le tableau de la misère de cette province ; ils exposeront l'excès des subsides, tant royaux que provinciaux, sous le fardeau desquels le tiers état est accablé, et l'excès non moins effrayant des censives et droits seigneuriaux auxquels leurs fonds sont assujettis, et ils affirmeront qu'on ne pourrait jeter sur les habitants de cette contrée de plus grands impôts sans les réduire à l'impuissance de les acquitter. »

Art. 45. — Ils insisteront avec courage et avec persévérance pour l'abolition des bureaux des hypothèques, qui mettent les propriétés en péril.

Art. 49. — Ils demanderont un nouveau plan d'éducation pour les collèges, dont l'éducation sera confiée aux corps qui en seront jugés capables.

Art. 54. — Ils demanderont que les usurpateurs de la noblesse soient recherchés, afin que cette distinction ne soit point accordée à ceux auxquels elle n'est point due, et que ceux qui seront convaincus de cette usurpation soient condamnés à une amende qui sera arbitrée et les jugements rendus publics.

Le *clergé* de la sénéchaussée d'Annonay » a exprimé, dans ses cahiers de doléances et les instructions qu'il remet à son député, ses vœux pour concourir au bien public et les moyens qui lui ont paru les plus propres à parvenir à cette fin désirée.

« Il a confié le développement de ses principes et le soin de leur maintenue à M. l'abbé Dode, qu'il a élu pour son député, auquel il donne le pouvoir de le représenter à l'assemblée des États généraux du royaume, et d'y remontrer, aviser et consentir tout ce qui peut concerner les besoins de l'État, la réforme des abus, l'établissement d'un ordre fixe et durable dans toutes les parties de l'administration, la prospérité générale du royaume et le bien de tous et chacun les sujets du roi. Sous la condition expresse qu'il ne pourra consentir à aucun impôt qu'après que les États généraux auront fait droit sur les réserves portées dans les deux premiers articles des cahiers qui lui ont été remis. Déclarant que les peuples de la sénéchaussée d'Annonay sont dans l'impossibilité de supporter aucune autre surcharge, à moins qu'une reconstitution de leurs États particuliers, sous une forme élective et constitutionnelle et suffisamment représentative ne leur en procure les moyens, et qu'un retour périodique et rapproché des États généraux n'ajoute à tous les biens qu'on attend des premiers. »

Le cahier des doléances de l'ordre de la *noblesse* du Haut-Vivarais contient 23 articles. En voici deux que nous avons remarqués :

Art. 21. — L'ordre de la noblesse, de plus en plus pénétré du sentiment que la force et la prospérité de l'Etat tiennent à l'union intime et à la confraternité des trois ordres, a délibéré de donner aux deux autres une nouvelle marque du désir constant qu'il a de l'entretenir, en leur faisant donner de suite communication de ses cahiers : quelle que puisse être la variété, ou même l'opposition des demandes qu'ils font chacun en particulier, la noblesse est persuadée que l'esprit d'équité et d'union qui anime les trois ordres du Vivarais, les portera à sacrifier même de leurs droits, pour entretenir la plus parfaite harmonie entre les différents membres du corps politique, qui doivent se prêter un secours mutuel.

Art. 22. — L'assemblée est bien persuadée qu'il n'est aucun de ses membres qui, flatté de porter son vœu aux Etats généraux, ne soit prêt à sacrifier sa fortune à cette mission honorable; mais, pour conserver avec les autres ordres une unité de formes, comme une unité d'esprit, elle arrête que, sur les impositions de la province, il sera fait à son député un traitement semblable à celui que le tiers état arrêtera pour chacun des siens. (1)

« Dans tout ce qui n'est pas énoncé ou restreint dans le cahier de la noblesse, les instructions remises à son député et le présent mandat, la noblesse déclare qu'elle s'en rapporte à ce que son député croira, dans son honneur et conscience, contribuer au bien de la nation, la gloire du roi et la tranquillité publique. »

Le cahier du *tiers état* de la sénéchaussée d'Annonay figura parmi les plus hardis et les moins religieux ; il contient soixante-dix articles, parmi lesquels nous remarquons les suivants :

Art. 41. — « Que tous les moines soient supprimés et leurs biens vendus au profit de l'État.

---

(1) Cahier de 16 pages, in-8, Vienne, 1789.

Art. 42. — Que tous les bénéfices sans charge d'âmes soient supprimés et leurs biens employés à l'utilité de l'État, et que ceux à charge d'âmes soient à la nomination des évêques.

Art. 43. — Que les économats soient aussi supprimés, et que les biens soumis à leur administration soient vendus.

Art. 44. — Que les curés aient une congrue suffisante pour les faire subsister sans les forcer d'exiger de leurs paroissiens le prix des actes auxquels la religion les soumet.

Art. 45. — Que toutes les quêtes soient défendues, excepté celles en faveur des pauvres.

Art. 46. — Que le tiers état soit admis aux charges de robe et d'épée, et à tous les emplois quelconques.

Art. 59. — Qu'il soit défendu aux sujets du roi de recourir à la Cour de Rome pour quels objets que ce puisse être et que les Annates soient supprimées. »

Le tiers état donnait pouvoir à ses députés « de proposer, remontrer, aviser et consentir tout ce qui peut concerner les besoins de l'Etat, la réforme des abus, l'établissement d'un ordre fixe et durable dans toutes les parties de l'administration ; la prospérité générale du royaume et le bien de tous et un chacun les sujets du roi ; à la charge par les dits députés de ne s'occuper de la concession de l'impôt et des moyens d'assurer le rétablissement des finances qu'après qu'il aura été prononcé sur toutes les pétitions présentées à l'Assemblée nationale.

« Que la liberté, la vie, l'honneur et la propriété des citoyens seraient essentiellement assurés.

« Que la liberté de la presse soit accordée.

« Que nul impôt ne puisse être perçu s'il n'est consenti par la nation et s'il ne doit être également réparti, sans distinction de rang ni de propriété.

« Que pour voter les décrets des Etats, les opinions soient recueillies par tête et non par ordre, ou du moins si chaque ordre délibère séparément, que l'unité d'avis des trois ordres soit absolument nécessaire pour voter le décret.

« Défend enfin aux députés d'accepter ni solliciter aucune grâce pendant la durée des États généraux, ainsi qu'ils seront tenus de l'affirmer par serment. » (1)

---

(1) *Archives de l'Ardèche.*

FRAIS OCCASIONNÉS

PAR LES ÉLECTIONS AUX ÉTATS GÉNÉRAUX

Députés du Haut-Vivarais.

La sénéchaussée d'Annonay arrêta qu'il serait alloué à chaque député, indistinctement, quatre livres par jour, pour sept journées. Il fut compté neuf journées aux députés des communes plus éloignées, dont le nombre fut à peu près égal.

Le total des sommes payées s'élevait à
près de. . . . . 8.000 livr. 19 s.
Frais d'impression. . . . . 175 — »
Préparatifs du local des assemblées . . 11 — »

TOTAL . . . 8.186 livr. 19 s.

41 députés refusèrent leur allocation, ce qui prouve que le patriotisme n'était pas éteint dans le Haut-Vivarais. Huit députés d'Annonay, Boissy d'Anglas en tête, donnèrent l'exemple. Par contre, Saint-Martin, député de Gilhoc, requit sa taxe. (1)

---

(1) *Archives de l'Ardèche.*

Députés du Bas-Vivarais.

Il fut arrêté par la sénéchaussée de Villeneuve-de-Berg qu'il serait alloué six livres par jour à chaque député des communes, indistinctement, pour douze journées, — du 26 mars au 6 avril, — comprenant le voyage et le séjour; excepté pour les députés dont l'éloignement les avait obligés de dépenser plus de journées. On paya à chacun de ces derniers quatorze journées. (1)

Le total des sommes portées sur l'état général, par commune, atteignit le chiffre de . . . . 35.496 livres.

14 députés refusèrent leur allocation, ce qui produisit une diminution de . . . 1.328 livr. » (2)

             34.168 livr.
Frais d'impression. . . . .   258 — 12 s.
Alloué au secrétaire . . . .   100 — »

      TOTAL . . . 34.526 livr. 12 s.

Par arrêté du directoire de l'Ardèche, il fut dressé un état de répartition des sommes supportées par chaque commune du département, pour sa part des frais occasionnés par l'élection des députés aux États généraux. (1)

Voici le total de ces sommes par district :

---

(1) *Archives de l'Ardèche.*

(2) Parmi ces patriotes qui refusèrent leur taxe, nous remarquons : Dalmas et Délichères, députés de la ville d'Aubenas ; Mazon, d'Antraigues ; Abrial d'Issas, de Villeneuve-de-Berg ; Vacher, de Berzème ; Dubois-Maurin, de Jaujac ; Helly, de Saint-Germain ; Jean-André Espic, député de Saint-Sernin, et enfin Pierre Romuald Massis-Cuchet, député du Teil et de Mélas.

District du Coiron

Sénéchaussée d'Annonay	186 livr. 19 s.
— de Villeneuve-de-Berg . .	524 — 10
Total . . .	711 livr. 09 s.

District du Mézenc

Sénéchaussée d'Annonay	186 livr. 19 s.
— de Villeneuve-de-Berg .	524 — 10
Total . . .	711 livr. 09 s.

District du Tanargue

Sénéchaussée d'Annonay	186 livr. 19 s.
— de Villeneuve-de-Berg .	524 — 10
Total . . .	711 livr. 09 s.

OUVERTURE
DES ÉTATS GÉNÉRAUX

LE 5 MAI 1789.

Le 3 mai, tous les députés furent présentés au roi et invités à assister le lendemain, en habit de cérémonie, à la procession générale qui devait précéder les États généraux. La procession fut ouverte par les Récollets, seul corps religieux qui fût à Versailles; venait ensuite le clergé des deux paroisses de Versailles, ensuite les députés du tiers état, marchant à la file sur deux lignes parallèles, en costume de cérémonie : habit, veste et culotte de drap noir, bas noirs, avec un manteau court, une cravate de mousseline et un chapeau retroussé des trois côtés, sans ganses ni boutons. On remarqua beaucoup dans cet ordre, les laboureurs bas-bretons, du diocèse de Vannes, qui avaient conservé leur veste et leur culotte de bure.

La noblesse suivait le tiers état ; les députés portaient l'habit à manteau d'étoffe noire, à parement d'étoffe d'or, culotte noire, bas blancs, cravate de dentelle, chapeau à plumes retroussé à la Henri IV.

Le clergé venait après l'ordre de la noblesse : l'archevêque de Rouen, en grande chape de cardinal ; les archevêques et évêques, en rochet, camail, soutane violette et bonnet carré ; les abbés et curés, en soutane, manteau long et bonnet carré. (1)

Les évêques venaient immédiatement avant le dais du Saint-Sacrement, porté par l'archevêque de Paris. Le dais était porté par les grands officiers et les gentilshommes d'honneur des princes, frères du roi. Les cordons du dais étaient tenus par Monsieur, le comte d'Artois, le duc d'Angoulême et le duc de Berry. Le roi marchait immédiatement après ; les princes du sang, les ducs et pairs et autres seigneurs étaient à droite, à la suite du roi. La reine était à la gauche de sa majesté. Elle était suivie par Madame, Madame Élisabeth, Madame la duchesse d'Orléans et Madame la princesse de Lamballe.

Parvenus à l'église Saint-Louis, les trois ordres y entendirent la messe, et le sermon fut prononcé par M. de la Fare, (2) évêque de Nancy.

Ce discours, de près de sept quarts d'heure, fut écouté

---

(1) *Moniteur.* — Introduction historique.

(2) Cet évêque, qui devint cardinal, était d'origine ardéchoise ; son arrière-grand-père, Joseph de la Fare, baron de la Fare, coseigneur de Saint-Marcel-d'Ardèche, avait épousé, en 1682, Jeanne de Pierre de Bernis, tante du cardinal, dont il eut deux fils ; l'aîné, François-Gabriel, marquis de la Fare, mort en 1762, laissa deux fils, dont Joseph-Louis-Dominique, marquis de la Fare, père de l'évêque de Nancy, qui prononça le sermon d'ouverture des États généraux, et dont nous donnons plus loin la biographie.

avec intérêt. Le tableau des funestes effets du régime fiscal, celui du luxe de la cour et des villes mis en opposition avec la misère des campagnes ; l'éloge du roi et les bienfaits qu'il préparait à la nation, de concert avec ses représentants, causèrent une impression qui fit oublier la décence, et l'orateur fut applaudi sans respect pour la majesté de l'assemblée et de la cérémonie. (1)

Le lendemain, 5 mai, tous les députés se rendirent en costume à la salle des États, vers neuf heures du matin. Ils ne purent néanmoins y entrer qu'à mesure qu'ils étaient appelés par les hérauts d'armes ; et le maître des cérémonies indiquait à chacun la place qu'il devait occuper, suivant l'ordre auquel il appartenait et le rang de son bailliage, d'après le règlement de 1614.

Vers une heure, les hérauts d'armes annoncent l'arrivée du roi. Aussitôt tous les députés se lèvent et des cris de joie retentissent de toutes parts.

Bientôt le roi paraît ; les applaudissements les plus vifs se font entendre, accompagnés des cris *vive le roi !* Sa majesté monte sur son trône et ouvre la première séance des États généraux.

La grave question de la vérification des pouvoirs, de la délibération séparée ou en commun, retarda beaucoup les travaux de l'Assemblée ; le clergé et la noblesse restaient sourds aux invitations réitérées du tiers état, qui siégeait seul dans la salle des États généraux, tandis que les deux premiers ordres étaient assemblés dans des chambres voisines. Conformément à sa délibération du 10 juin, qui fut communiquée aux députés du clergé et de la noblesse, par des députations, qui leur furent envoyées à cet effet, le 12 juin, on procéda à l'appel général des députés des provinces, bailliages, sénéchaussées et villes de France, afin que chaque

---

(1) *Moniteur.*

député eût à se présenter, exhiber et remettre au bureau les titres justificatifs de ses pouvoirs, pour être vérifiés.

Aucun député du clergé ni de la noblesse ne se présenta.

La vérification des pouvoirs fut répartie en vingt bureaux, qui commencèrent leurs travaux le 13 juin. Les titres des députés de la sénéchaussée d'Annonay furent examinés par le second bureau et validés le même jour. Le lendemain, les pouvoirs des députés de la sénéchaussée de Villeneuve-de-Berg étaient validés par le vingtième bureau.

Le 17 juin, les députés du tiers état, sur la motion de l'abbé Siéyès, déclarèrent qu'ils étaient la seule réunion légitime et prirent le titre d'*Assemblée nationale*. Le 19, cent quarante-neuf membres du clergé, parmi lesquels l'abbé Chouvet, curé de Chomérac, votèrent la vérification des pouvoirs en commun, dans l'église Saint-Louis, où étaient réunis les députés du tiers ; le 24, cent cinquante-un ecclésiastiques suivirent cet exemple ; le 25, quarante-sept membres de la noblesse se présentèrent dans la salle du tiers, où, le 27, d'après l'invitation du roi, la minorité du clergé et la majorité de la noblesse se rendirent également, achevant ainsi la fusion des trois ordres.

Les pouvoirs de l'abbé Dode, curé de St-Péray, du marquis de Satillieu, du comte d'Antraigues et du comte de Vogüé furent validés dans la séance du 1ᵉʳ juillet.

Séance du 27 août 1789. — Dans cette séance, le rapporteur du comité des Finances lut son rapport sur la dette publique, dans lequel il présentait plusieurs moyens de liquidation. Les députés du Bas-Vivarais se firent remarquer par une déclaration à ce sujet, qu'ils déposèrent sur le bureau et qui fut annexée au procès-verbal de cette séance.

Voici la copie de cette déclaration, telle qu'elle existe dans les procès-verbaux de l'Assemblée nationale :

DÉCLARATION DES DÉPUTÉS

DU BAS-VIVARAIS

Déposée sur le bureau, à la séance de l'Assemblée nationale, le 27 août 1789, et annexée au procès-verbal de ce jour.

« La volonté de nos commettans, manifestée dans nos cahiers respectifs, est d'accorder à la dette publique la garantie de la nation, et de se conformer aux sentimens d'honneur et de justice qui placent les créanciers de l'État sous la sauvegarde de la loyauté française.

« Mais leur volonté, très clairement expliquée dans nos mandats, n'est pas d'affranchir les créanciers de l'État de toutes les charges publiques.

« Nous devons à nos commettans de déclarer que nous adhérons pour eux, à ce qu'il ne soit jamais attenté au capital, ni aux intérêts légitimes dus aux créanciers de l'État ; mais nous déclarons qu'ils ne nous ont pas accordé le pouvoir de les affranchir des charges publiques : ils nous ont expressément enjoint de requérir qu'ils y fussent soumis, ne regardant pas l'impôt auquel est soumis un citoyen, comme une violation de la propriété. Nous déclarons aussi qu'il ne nous est permis de consentir à un emprunt que lorsque la Constitution sera faite.

« Tels sont nos pouvoirs dont nous faisons la déclaration

expresse, afin de remplir, autant qu'il est en nous, la mission dont nous sommes honorés.

A Versailles, le 27 août 1789.

« Signés : D'ANTRAIGUES, ESPIC, CHOUVET, curé, DUBOIS-MAURIN, DE FRANCE, PAMPELONNE, VOGÜÉ, MADIER DE MONJAU. »

Séance du 22 décembre 1789. — Lecture d'une « lettre originale datée de Villeneuve-de-Berg en Vivarais, signée Tavernol de Barrès, lieutenant-criminel de la sénéchaussée, adressée à la municipalité de Metz, dans laquelle on ose la soupçonner de fomenter la discorde et l'insurrection la plus criminelle contre les représentants de la nation (1). Les membres du comité municipal protestent qu'ils n'ont jamais rien fait qui ait pu leur attirer ce soupçon injurieux, et dénoncent cette lettre criminelle à l'Assemblée nationale. »

Séance du 30 décembre 1789. — Lecture d'une « adresse du comité permanent de la ville d'Annonay en Vivarais, qui désavoue les principes contenus dans la lettre écrite à la municipalité de Metz, sous la signature « Tavernol de Barrès » d'une des villes du Vivarais, comme contraires aux sentiments patriotiques et au parfait dévouement du comité ... des décrets de l'Assemblée nationale. »

Séance du 2 janvier 1790. — « M. le Président a annoncé l'offrande des boucles ... l'argent de plusieurs citoyens de la ville de Privas en Vivarais, pes... ...nt ensemble quatorze marcs deux onces. Ces citoyens regrettent ... que la stagnation du commerce ne leur permette pas d'offrir davantage. »

---

(1) Voir cette lettre aux *Pièces justificatives*, N° 1.

Séance du 26 janvier 1790. — « 1° L'Assemblée nationale décrète que les limites entre le Velay et le Vivarais, restant telles qu'elles existent dans les parties non contestées, la démarcation dans les points litigieux sera telle que les paroisses de Coucouron, la Vilate et Lespéron, et toutes celles à l'ouest de ces premières, appartiendront au département du Velay, le tout conformément au tracé signé par un membre du comité de constitution; et que les paroisses de Chauderoles, Fay-le-Froid et les Vastres, qui réclament et demandent formellement leur adjonction au département du Velay y seront aussi réunies; sauf, dans ce dernier cas, à laisser au département du Vivarais celles de Lespéron, Coucouron et la Vilate;

« 2° Que les paroisses de Colombier-le-Jeune, Rochepaule, Pailharès et Nozières, enclavées dans le Vivarais, et indépendantes du Forez, seront réunies au département du Vivarais. »

Séance du 6 février 1790. — Lecture d'une « adresse des gardes nationales de plusieurs communautés du Vivarais et du Dauphiné, qui, réunies dans la plaine de St-Péray en Vivarais, ont fait le serment solennel d'être inviolablement attachées à notre glorieux monarque et de faire respecter jusqu'à leur dernier soupir, les décrets de l'Assemblée nationale; elles ont adhéré à la fédération faite dans la plaine d'Étoile. » (1)

---

(1) La première fédération que mentionne l'histoire de cette époque, est celle d'Étoile, qui eut lieu le 29 novembre 1789. 21 villes, bourgs ou villages du Dauphiné et du Vivarais furent représentés à cette cérémonie, soit effectivement, soit par des adhésions. Il s'y trouva 12,600 hommes sous les armes, qui firent le serment suivant :

« Nous citoyens Français de l'une et l'autre rive du Rhône, depuis Valence jusqu'au Pouzin, réunis fraternellement pour le bien de la cause commune, jurons sur nos cœurs et sur nos armes consacrées à

Séance du 7 Février 1790. — « Un membre du comité de constitution, après avoir établi les divers motifs qui avaient déterminé les députés du Vivarais à désirer unanimement l'alternative des séances du département et des districts, dans plusieurs villes de leur province, a proposé le décret suivant, qui a été agréé par l'Assemblée:

« L'Assemblée nationale décrète, d'après l'avis du comité de constitution:

« 1° Que le département du Vivarais est provisoirement divisé en sept districts, dont les chefs-lieux sont : Annonay, Tournon, Vernoux, Aubenas, Privas, Villeneuve-de-Berg et Largentière.

« 2° Qu'en conséquence de l'arrêté des députés de ce département, les séances alterneront entre les villes d'Annonay, Tournon, Privas, Aubenas et le Bourg, mais que la première assemblée se tiendra à Privas.

« 3° Que les autres conventions des députés du Vivarais, sur l'alternative des séances des districts de Tournon, Vernoux, Privas, Aubenas et Largentière seront provisoirement exécutées en faveur des villes de Saint-Péray, Desaignes,

---

la défense de l'État, de rester à jamais unis, abjurant désormais toute distinction de province, offrant nos bras, nos fortunes et nos vies à la patrie ainsi qu'au soutien des lois émanées de l'Assemblée nationale; jurons d'être fidèles au monarque qui a tant de titres à notre amour; jurons de nous donner mutuellement toute assistance pour remplir des devoirs sacrés, et de voler au secours de nos frères de Paris ou des autres villes de France qui seraient en danger pour la cause de la liberté. »

C'est à Étoile que fut arrêtée en principe la fédération de la Voulte, qui eut lieu le 26 décembre suivant, avec le concours des Dauphinois et des Vivarois. Voir *Pièces justificatives*, N° 5.

Le 28 février 1790 eut lieu la fédération de Privas, où se trouvèrent 5.000 hommes appartenant à 115 localités présentes ou adhérentes du Dauphiné, de la Provence et du Vivarais. (*Fédération de Privas en Vivarais*. Valence in-8°, 31 p.)

La Voulte, Montpezat, Joyeuse, de manière néanmoins que les premières assemblées ayent lieu à Tournon, Vernoux, Privas, Aubenas et Largentière.

« 4° Que l'Assemblée nationale aura les égards que de raison à la division des établissements de ces districts, entre les villes ci-dessus énoncées, sur le vœu des députés à l'Assemblée nationale ou sur celui des électeurs du département. »

Séance du 13 février 1790. — « D'après une réclamation des députés de la sénéchaussée de Villeneuve-de-Berg, relativement à une lettre attribuée au sieur Tavernol de Barrès, l'Assemblée a renvoyé l'affaire et les pièces au comité des rapports. »

Séance du 18 février 1790. — « La ville de Villeneuve-de-Berg demande la conservation, dans le Vivarais, de la ville de Pradelles et lieux circonvoisins. »

Séance du 6 mars 1790. — « Lecture d'une adresse des gardes nationales du Dauphiné et du Vivarais, réunies sous les murs de la ville de Romans, qui ont renouvelé, avec la plus grande solennité, le serment patriotique d'être fidèles à la nation, à la loi et au roi, et de maintenir de tout leur pouvoir la constitution décrétée par l'Assemblée nationale et acceptée par sa Majesté. »

Séance du 14 mars 1790. — Les députés extraordinaires de la ville du Cheylard et contrée des Boutières présentèrent à l'Assemblée nationale une adresse par laquelle ils demandaient que le Cheylard fût un chef-lieu de district. « L'intérieur du Vivarais, que nous appelons les Boutières, disaient-ils, vient d'être absolument oublié dans la distribution des chefs-lieux des districts. C'est un fait incontestable, mais qui est aussi réel que la consternation où a jeté les habitants de cette partie du Vivarais la triste nouvelle de cette privation.

« Pourquoi, pourrait-on demander avec la manifestation de la plus vive surprise, pourquoi cet oubli inattendu même de tout le département, cet oubli d'une contrée qui réunit dans son sein plus de cinquante mille âmes qui n'ont qu'un même intérêt? »

Les députés du Vivarais consultés au sujet de cette adresse formulèrent cet avis :

« Nous soussignés, députés de Vivarais à l'Assemblée nationale, déclarons que les difficultés de localité, et très souvent l'ignorance de ces mêmes localités, a pu nous faire errer dans la division des districts et sur les lieux de leur établissement. Que nous n'avons eu que l'intérêt général des administrés en vue, dans notre avis de division, lequel n'est que provisoire dans tout son contenu et soumis à l'avis du département assemblé, qui rectifiera définitivement toutes les erreurs de division. Nous déclarons en outre, après avoir ouï les députés extraordinaires de la ville de Cheylard et pris lecture de leur mémoire, qu'étant liés par notre avis sur la division déjà faite, et l'Assemblée nationale par les décrets qu'elle a rendus sur le projet de division provisoire par nous proposé, nous ne pouvons, dans l'état des choses, porter aucun changement ; mais que si les faits articulés dans ledit mémoire sont exacts, soit sur la centralité de la ville de Cheylard, soit sur l'éloignement, pour les communautés qui l'avoisinent, des districts auxquels elles ont été réunies, l'assemblée du département aura sûrement égard aux réclamations de ladite ville de Cheylard.

A Paris, le 19 mars 1790.

Signés : le Marquis de Satillieu, Madier de Montjau, Dubois-Maurin, St-Martin, Espic, Pampelonne, de France, Chouvet, Boissy d'Anglas, Vogüé, Monneron. »

— 59 —

« Vu l'avis de MM. les députés du département de l'Ardèche, le comité de constitution pense que l'assemblée des départements doit avoir égard au Mémoire portant réclamation présenté par la ville de Cheylard et environs.

« Paris, ce 29 mars 1790.

Signés :

Gossin, Rabaut-de-Saint-Etienne, Target-de-Cernon, de Meunier, Bureaux-de-Pusy (1). »

Séance du 23 avril 1790. — « Un député du Vivarais a offert, au nom du bourg de Pierreville en Vivarais, un don patriotique consistant en une somme de 5,872 livres, et en l'abandon de la contribution des privilégiés pour les six derniers mois de l'année 1789. »

---

(1) Dans le discours prononcé à l'ouverture des séances de l'assemblée administrative du département de l'Ardèche le 16 novembre 1791 par Boissy d'Anglas, procureur général syndic, nous lisons cet alinéa : « Vous n'oublierez pas sans doute la pétition de la ville du Cheylard, déjà citée avec tant d'intérêt dans le procès-verbal de vos séances. Cette ville dénuée de toute ressource, et dans une

Séance du 28 avril 1790. — Lecture d'une « adresse des gardes nationales de la principauté d'Orange, d'une grande partie des villes et communautés du Dauphiné, Provence et Vivarais, et de la ville d'Avignon, qui se sont réunies le 11 de ce mois, sous les murs de la ville d'Orange au nombre de 4,200 représentants, avec les adhésions de plus de soixante mille citoyens armés. »

Séance du 14 mai 1790. — « La séance a commencé par la lecture faite par un membre de l'Assemblée d'une délibération de la municipalité de la ville de Vernoux en Vivarais, portant que lecture ayant été faite d'un imprimé qui a pour titre : « Délibération des citoyens catholiques de la ville de « Nimes, en date du 20 avril dernier, et adressée à la ville « de Vernoux », cette municipalité, bien loin d'adhérer à cette délibération, la désapprouve, et les invite à la rétracter comme contraire au respect dû à l'Assemblée nationale, et surprise par les ennemis de l'État et de la religion.

Séance du 27 mai 1790. — Lecture d'une « adresse du conseil général de la commune de Saint-Marcel d'Ardèche, qui exprime son indignation contre la délibération des citoyens catholiques de la ville de Nimes. » La ville d'Aubenas et la municipalité de Villeneuve-de-Berg s'expriment de la manière la plus énergique sur le même objet.

---

contrée populeuse, a senti de quelle importance était pour elle l'établissement qu'elle a demandé : elle a offert d'y concourir par une somme de 30,000 livres ; et cet acte de patriotisme de la part d'une commune pauvre et soumise à tant d'autres besoins, a mérité votre suffrage. Pour que l'instruction soit utile, il faut qu'elle trouve les esprits disposés à la recevoir ; l'offre des citoyens du Cheylard vous atteste à la fois leur zèle pour le bien public, leurs lumières et leur sagesse ; et vous garantit qu'ils sont dignes de vos soins comme de vos éloges. »

Séance du 5 Juin 1790. — « L'Assemblée renvoie à son comité pour l'aliénation des biens ecclésiastiques la soumission de la ville d'Annonay. »

Séance du 8 Juin 1790. — Lecture d'une « adresse de la ville de Chalancon en Vivarais qui désapprouve la délibération des citoyens catholiques de Nimes. » (1)

Séance du 29 Juin 1790 — Lecture d'une « adresse des officiers municipaux de Villeneuve-de-Berg, département de l'Ardèche, qui envoient une ordonnance qu'ils ont cru devoir rendre pour empêcher que les troubles qui se sont élevés dans la ville de Nimes, ne vinssent troubler la paix qui règne dans leur canton, et ils assurent l'Assemblée que le but de cette ordonnance est de maintenir la constitution, l'activité des citoyens sans les alarmer, et d'éviter que l'insurrection ne fit des progrès. »

Séance du 26 Juillet 1790. — « Sur le rapport du comité des finances, l'Assemblée nationale, conformément à la délibération prise en conseil général de la ville d'Annonay, le 21 juin, confirmée par celle du 13 juillet, sur le renvoi fait par le comité des Finances, autorise les officiers municipaux à faire l'emprunt de la somme de 4000 livres, pour être employé aux objets rappelés dans la première délibération, à charge de faire le remboursement de la dite somme dans quatre ans, par une addition au rôle de la municipalité ; au surplus sous l'obligation de rendre compte et de justifier de l'emploi. »

L'expédition en parchemin des lettres-patentes qui autorisaient cet emprunt fut délivrée le 12 août.

---

(1) Voir à ce sujet la délibération du Conseil général de la ville d'Aubenas, du 18 mai 1790. — *Pièces justificatives*, N° 8.

Séance du 23 août 1790. — Formation des tribunaux de district.

DÉPARTEMENT DE L'ARDÈCHE

DISTRICTS	SIÈGES DE L'ADMINISTRATION	SIÈGES DES TRIBUNAUX
du Mézenc	Annonay	Tournon
du Coiron	Villeneuve-de-Berg	Aubenas
du Tanargue	Largentière	Joyeuse

Séance du 7 septembre 1790 — « M. Brulart de Sillery, rapporteur du comité des recherches, a présenté un rapport sur un rassemblement de gardes nationales dans le département de l'Ardèche, sur des assemblées illicites tenues à la suite de ce rassemblement dans le château de Jalès, par les commandants et soi-disant état-major de la Fédération, et sur les arrêtés qui y ont été pris ;

Le comité a proposé le projet de décret suivant :

L'Assemblée nationale, après avoir entendu le rapport de son comité des recherches, décrète :

« Art. 1ᵉʳ — Qu'elle approuve les dispositions de la proclamation du directoire du département de l'Ardèche, qui s'oppose à l'exécution de l'arrêté pris dans le château de Jalès par les officiers qui se sont qualifiés d'état-major d'une soi-disant armée fédérée.

« Art. II — Déclare la délibération prise par l'assemblée tenue au château de Jalès, après le départ des gardes nationales fédérées, inconstitutionnelle, nulle et attentatoire aux lois.

Art. III — Charge son président de se retirer par devers le roi pour le supplier d'ordonner au tribunal de Villeneuve-de-Berg, d'informer contre les auteurs, fauteurs et instigateurs des arrêtés inconstitutionnels contenus au procès-verbal, et de faire leur procès suivant les ordonnances.

Art. IV — Défend aux commissaires nommés de se rendre à Montpellier pour y prendre les informations sur l'affaire de Nimes.

Art. V — Déclare le comité militaire inconstitutionnel, en conséquence lui fait défense de s'assembler, et lui enjoint de se conformer à cet égard au décret de l'Assemblée nationale du 2 février, qui les a supprimés.

« Art. VI — Défend également aux gardes nationales de tous les départements du royaume de former aucun camp fédératif, à moins d'être autorisées par les directoires de leurs départements respectifs.

« Art. VII — Décrète enfin que son président se retirera par devers le roi pour le prier de donner des ordres les plus prompts pour l'exécution du présent décret. »

« On a demandé et l'Assemblée a décrété l'impression du rapport et de la proclamation du département de l'Ardèche. »

Séance du 13 septembre 1790 — « Un membre du comité des finances a proposé le projet de décret suivant :

« Sur le rapport fait à l'Assemblée nationale par son comité des finances, de la délibération prise le 21 mai 1790, par la communauté et paroisse de Vanose, district du Coiron, département de l'Ardèche, à l'effet de reconstruire le presbytère de la dite paroisse; du renvoi fait de cette demande par le comité des finances à l'avis du département ; de l'avis du district et de celui du département des 10 et 17 août, sur l'urgente et absolue nécessité de cette reconstruction; l'Assemblée nationale autorise les habitants et paroissiens de Vanose à reconstruire leur maison presbyterale, conformément aux plan et devis approuvés par le Directoire de district et de département, après affiches, enchères et adjudications en la forme ordinaire ; les autorise également à imposer le montant du prix de l'adjudication, sur tous les contribuables de la paroisse, et au marc la livre de leurs impositions principales, sans distinction ni privilège, en se réglant sur les termes du paiement qui seront pris dans l'adjudication, de telle sorte néanmoins qu'il reste toujours en arrière un tiers du prix jusqu'à l'entière perfection de l'ouvrage. »

Plusieurs membres ont fait des observations sur ce projet de décret, dont l'Assemblée a décrété l'ajournement. »

Séance du 20 septembre 1790. — « Il a été donné lecture d'une note du garde des sceaux qui annonce que le roi a donné sa sanction le 17 de ce mois, au décret du 9, portant que Privas est définitivement chef-lieu de l'administration du département de l'Ardèche. »

« Un député d'Annonay a rendu compte d'une délibération par laquelle le directoire de ce district dénonce à l'Assemblée nationale un mandement de l'archevêque de Vienne. »

Séance du 27 septembre 1790. — « Il a été fait lecture de l'expédition en parchemin d'une proclamation sur le décret relatif aux assemblées tenues dans le château de Jalès, et portant que le roi sera supplié de donner des ordres pour qu'il soit informé contre les auteurs, fauteurs et instigateurs des arrêtés inconstitutionnels contenus au procès-verbal de ces assemblées. »

Séance du 30 septembre 1790. — « Lecture d'une adresse des Amis de la constitution et de l'égalité de la ville de Montpellier, qui annoncent que tous les citoyens soldats du département de l'Hérault n'ont pris aucune part aux délibérations séditieuses du camp de Jalès, et que la députation que cette assemblée illégale devait leur envoyer pour s'informer de la vérité des faits relatifs aux derniers troubles de Nîmes n'a pas eu lieu, sans doute parce qu'elle aurait été reçue de manière à faire perdre aux mauvais citoyens l'envie de chercher dans Montpellier des fauteurs et des complices. »

Séance du 11 novembre 1790. — « Lecture d'une adresse de l'assemblée électorale du district du Coiron, département de l'Ardèche, contenant improbation d'un libelle intitulé : *Manifeste et protestation de cinquante mille hommes contre la Constitution et la liberté française.* »

Séance du 20 novembre 1790. — « Lecture d'une adresse du conseil général de la ville de Privas, contre un libelle, *Manifeste et protestation de 50 mille français fidèles armés dans le Vivarais pour la cause de la religion et de la monarchie* (1).

L'Assemblée a vivement applaudi à cette adresse et en a ordonné l'insertion au présent procès-verbal. »

Séance du 4 décembre 1790. — « Lecture d'une adresse des sieurs Johannot frères, fabricants de papiers à Annonay, département de l'Ardèche, qui mettent sous les yeux de l'Assemblée et soumettent à un examen des échantillons de leur fabrique, lui annoncent qu'ils viennent d'acquérir un laminoir semblable à ceux dont se servent les anglais et les hollandais, et à l'aide duquel ils promettent de donner le même moëleux et le même poli qu'en a leur papier, lui exposent que pour que la papeterie française ne fût pas sujette au tribut qu'elle paye en Hollande et en Angleterre, et qu'elle

---

(1) Nous possédons ce document imprimé au camp de Jalès, in 8°, 35 pages. Ce manifeste porte cette épigraphe : *Exoriare aliquis nostris ex ossibus* ULTOR ! que de ma cendre un jour s'élève mon VENGEUR !

Voir sur le camp de Jalès : *La conspiration de Saillans ; le camp de Jalès*, par Marius Tallon ; *les camps de Jalès*, par Firmin Boissin ; *Histoire des conspirations royalistes du midi sous la révolution (1790-1793)*, par Ernest Daudet.

acquit l'égalité des papeteries suffisantes de ces deux puissances, il suffirait de prohiber en France l'exportation des chiffons et l'importation de papiers des fabriques étrangères, et lui demandent de ne permettre de se servir dans ses bureaux et comités que de papiers manufacturés en France. » (1)

Séance du 31 décembre 1790. — « Lecture a été faite d'une proclamation du Directoire du département de l'Ardèche, contenant dénonciation à l'Assemblée nationale d'un écrit intitulé : *Avertissement de M. l'archevêque de Vienne, au clergé et aux fidèles de son diocèse,* comme étant un libelle séditieux, inconstitutionnel, attentatoire à l'autorité de l'Assemblée nationale, et tendant à soulever les peuples contre cette autorité.

« Le renvoi de cette proclamation au comité des recherches a été demandé, et l'Assemblée l'a décrété. »

Séance du 10 janvier 1791. — « M. le président a fait lecture à l'Assemblée d'une adresse qui lui était présentée par M. Soulavie, prêtre, présent à la barre au nom des ecclésiastiques de la paroisse de St-Sulpice, qui ont prêté hier le serment prescrit par le décret du 27 novembre dernier, et dont la teneur suit :

---

(1) Les papeteries de Faya sont les plus anciennes d'Annonay ; elles furent créées en 1633 par Barthélemy et Mathieu Johannot frères : ils acquirent pour cet objet, les 24 avril et 26 juin 1633, d'Achille Gamon, bourgeois d'Annonay, une maison, un moulin à blé, un pigeonnier et curtillage, des prés et une prise d'eau, le tout d'environ 8 ou 9 cartalées et au prix de 2000 francs.
La papeterie de Marmaty fut créée par Mathieu Johannot, petit-fils du fondateur de Faya, du même nom. — Paul d'Albigny, *Les industries du département de l'Ardèche,* 1875.

« Messieurs,

« Les ecclésiastiques de la paroisse de St-Sulpice, ou qui résident dans son arrondissement, se font un devoir de vous adresser les motifs de leur soumission à la loi. Ils ont prêté leur serment parce qu'ils ont vu dans la constitution civile du clergé, le triomphe de la religion primitive et le retour à l'esprit de l'Évangile, dont le laps des temps et les passions humaines nous avaient éloignés depuis plus de mille ans; les fidèles demandaient cette restauration, et l'histoire de l'Église nous démontre que des obstacles insurmontables l'ont toujours éludée.

« C'est donc à la nation française que le Christianisme doit son retour à ses primitives institutions; et l'Assemblée nationale a opéré ce que l'Église gallicane n'a jamais effectué, ce que les conciles ont vainement tenté, et surtout ce que les pères de l'Église n'ont cessé de désirer. Déplorant la décadence de notre discipline, nous n'avons donc vu, Messieurs, dans vos décrets, que l'appui des premiers canons, et nos frères ecclésiastiques séparés ne tarderont pas de le dire, lorsqu'ils auront bien réfléchi que tout un peuple n'est pas fait pour son clergé, mais que le clergé est établi pour l'instruction, l'édification et l'exemple; lorsqu'ils auront reconnu que nous sommes sujets quoiqu'ecclésiastiques, et que si nous étions ecclésiastiques indépendants, nous ne serions pas sujets.

« Daignez accepter, Messieurs, ces motifs de notre soumission entière et sans restriction à la loi; l'obéissance des Français ne peut être aveugle: une soumission motivée et raisonnable est celle d'un peuple libre.

« Signé : Soulavie, envoyé des ecclésiastiques qui ont signé. » (1)

---

(1) L'abbé Soulavie, né à Largentière en 1752, mort en 1813, se repentit de sa conduite pendant la Révolution et fit une mort édifiante.

« L'Assemblée a ordonné que cette adresse, pleine de sentiments religieux et patriotiques, serait imprimée et insérée en entier dans le procès-verbal de ce jour. »

Séance du 20 janvier 1791. — Le député Louis Monneron parle des pétitions adressées à l'Assemblée par plusieurs villes des départements maritimes, pour qu'elle prenne en considération la situation de nos colonies dans les grandes Indes. « Je suis chargé, dit-il, par la colonie de Pondichéry de vous présenter le même vœu contenu dans un arrêté par lequel ses habitants expriment leur attachement à la France. Nous sommes instruits par ce même arrêté qu'un bâtiment a apporté la nouvelle de troubles récents, élevés à Chandernagor. Les commandants pour le roi ont été destitués, les magistrats dispersés, les archives du greffe pillées. Par des lettres particulières de quelques habitants, je suis chargé de vous demander le redressement des griefs qui ont occasionné ces désordres. Je demande que le comité colonial s'occupe de l'organisation des colonies des Indes.

« Je demande qu'on déclare si les colonies de l'Inde sont françaises, ou si elles doivent être la proie du premier usurpateur, car elles sont absolument sans défense. »

« Si l'on veut que nous nous occupions de ces colonies, dit Barnave, comme ce travail exige des notions très étendues, je demande que M. Monneron soit adjoint au comité colonial, pour que nous profitions de ses lumières. »

L'Assemblée décrète le renvoi au comité colonial, et l'adjonction de M. Monneron. (1)

Séance du 30 janvier 1791. — Lecture d'une « lettre contenant le serment prêté par le cardinal de Bernis, ministre d'État et du roi, à Rome.

---

(1) *Moniteur.*

« Plusieurs membres ont observé que le serment de M. le cardinal de Bernis n'était pas conforme au décret de l'Assemblée nationale ; un membre a proposé de renvoyer le serment au ministre; un autre a proposé de rappeler ce ministre en France.

L'Assemblée a décrété que le serment serait renvoyé au ministre des Affaires étrangères. » (1)

Séance du 22 février 1791. — Le député Saint-Martin annonce, en ces termes, la prestation de serment de M. de Savine : « L'évêque de Viviers, dans le département de l'Ardèche, ce prélat qui a toujours suivi la loi de la résidence...

M. Duval : Il a perdu la tête....

M. Saint-Martin : Ce prélat, bienfaisant et charitable dont les mœurs et la piété rappelaient les mœurs des premiers évêques, a prêté solennellement, et aux acclamations du peuple, le serment exigé des fonctionnaires ecclésiastiques ; il l'a fait précéder d'un discours où il a prouvé que la religion lui faisait un devoir de se conformer à cette loi. *(Il s'élève de violents murmures dans la partie droite.)* Il a développé de la manière la plus énergique la sagesse des dispositions du décret sur la constitution civile du clergé. Cet exemple a été imité par la très grande majorité des ecclésiastiques de son diocèse ; il n'y a eu que quelques réfractaires, séduits par les écrits incendiaires que les émissaires des fanatiques de Nimes et d'Uzès ont répandus dans ce département. » (2)

Séance du 5 mars 1791. — Le même député Saint-Martin,

---

(1) Le cardinal de Bernis fut dépouillé de toutes ses prérogatives d'ambassadeur et de tous les bénéfices qu'il possédait en France. Ce fut à la Révolution française qu'échut le soin de rappeler ce prince de l'église au néant des grandeurs humaines.

(2) *Moniteur.*

« demande la permission de dénoncer à l'Assemblée une feuille intitulée : *Journal des Mécontents*, qui invite tous les mécontents du royaume à se rendre au camp de Jalès, en disant que ce camp était composé de trente mille hommes. Comme député du département, je puis attester à l'Assemblée que, les 15, 16 et 17 février, il n'y avait presque personne à Jalès ; que, les 18, 19 et 20, les factieux sont parvenus à assembler des paysans égarés et quelques gardes nationaux sans chefs ; mais leur nombre n'a jamais monté à plus de cinq mille hommes, et il ne reste actuellement, de ce prétendu camp, que les chefs, qui ne manqueront d'être punis. Les paysans ont bientôt été détrompés, et ils sont actuellement tous furieux contre les factieux qui les ont séduits. »

Séance du 21 mars 1791. — Après avoir discuté avec chaleur sur la question des *mines et minières*, Saint-Martin « demande que le premier article du projet de décret soit rejeté par la question préalable et remplacé par cet article :

« L'Assemblée nationale décrète que tous propriétaires auront le droit de rechercher, fouiller et extraire les mines de quelque espèce qu'elles soient, qui se trouveront dans l'étendue de leurs possessions, en se conformant aux règles qui seront prescrites. » (1)

Séance du 4 avril 1791. — Le même député, en juriste consommé, prend part à la discussion sur les *effets de la disposition de l'homme dans les successions*, et il termine ainsi son discours : « La faculté de disposer de la propriété quand on n'a point d'enfants, et d'une partie de ses biens quand on en a, a subsisté jusqu'à ce jour dans la plupart des pays ; je demande qu'elle soit étendue à tout le royaume, et que le

---

(1) *Moniteur.*

père puisse disposer du tiers de son bien en faveur de l'un de ses enfants. » (1)

Séance du 8 avril 1791. — Le député Monneron « adopte la création d'un ministre particulier pour les colonies, et appuie son opinion sur les précautions nécessaires pour la sûreté de nos possessions lointaines, et pour parvenir à la cessation des dilapidations. »

Le lendemain, sur le rapport fait par le même député des violences exercées dans la colonie de Cayenne contre plusieurs citoyens, « il a été décrété que ces citoyens seront remis en liberté, que ceux qu'on a forcés par un jugement illégal de sortir de la colonie, pourront y rentrer, et qu'ils seront indemnisés de leur voyage. »

Séance du 14 avril 1791. — Discussion sur l'organisation de la marine, à laquelle prend part M. Monneron, qui prononce un long discours tendant à faire employer, « à bord des vaisseaux de guerre, les officiers de la marine du commerce, lorsque le service de l'État l'exigera. »

Séance du 13 mai 1791. — M. Monneron, député des colonies orientales, prononce un discours remarquable sur la législation coloniale, dont l'Assemblée ordonne l'impression.

Séance du 23 mai 1791. — M. Boissy d'Anglas dit que « des brigands, il ne sait de quel parti, sortis des terres du Comtat, sont entrés à main armée dans le département de la Drôme ; ils ont incendié plusieurs villages, pillé des habitations. Rien n'est plus affreux que les nouvelles qui nous sont parvenues. » (2)

---

(1) *Moniteur.*
(2) *Moniteur.*

Séance du 5 juin 1791. — « On vous propose, dit M. Saint-Martin, de prier le roi de nommer soixante personnes pour signer les assignats ; donner à un même papier soixante signatures différentes, n'est-ce pas une chose illusoire et ridicule ; comment pourra-t-on les reconnaître ? Je demande que la signature soit faite à la griffe ou dans l'impression, ce qui épargnera une somme de 30,000 écus.

L'Assemblée décide que les assignats de 5 livres ne seront pas signés à la main. »

Séance du 14 juin 1791. — Le même député Saint-Martin « s'étonne que le comité de révision ne rende pas compte à l'Assemblée, comme elle l'en avait chargé, de son travail de révision ; il est cependant important de savoir si le bruit qui se répand, que le comité de révision doit lui faire renverser la constitution, a quelque fondement. Il demande qu'il soit enjoint à ce comité de se renfermer dans la besogne qui lui a été confiée. » (1)

Séance du 13 août 1791. — Discussion relative à l'acte constitutionnel, et à laquelle prend part M. Saint-Martin. « C'est ici, dit-il, que doit naturellement se placer le décret qui porte que les membres du corps législatif et du tribunal de cassation ne pourront être promus au ministère, ni recevoir aucune place du pouvoir exécutif, que quatre ans après l'expiration de leurs fonctions. Cet article a été décrété comme constitutionnel, et il n'est pas besoin de vous donner de longs développements pour en prouver l'importance. — *(On applaudit. Quelques membres murmurent).* »

« M. Prieur : L'article que M. Saint-Martin a cité porte expressément ces mots : « L'Assemblée nationale décrète comme article constitutionnel. » D'après cela, je ne sais pas

---

(1) *Moniteur.*

pourquoi le comité de révision s'est permis de l'omettre dans son travail. *(On applaudit et on demande d'aller aux voix).* »

Séance du 29 août 1791. — Une violente discussion s'engage au sujet du comité colonial, dont plusieurs membres donnent leur démission. « Je ne suis pas de l'avis de ceux de mes collègues qui ont donné leur démission, dit M. Monneron. Je crois que nous devons rester au comité pour soutenir les décrets de l'Assemblée. Il est certain qu'il y a une coalition entre les anciens membres du comité. Tous proposent de retirer le décret du 15 mai. J'ai déclaré, moi, personnellement, que je m'opposerai de toutes mes forces à ce que la moindre atteinte fût portée à ce décret honorable. On m'a fait entendre qu'on nous forcerait à donner notre démission ; mais j'ai cru devoir rester dans le comité, malgré les injures que j'y ai reçues, notamment de M. Dillon. »

Séance du 2 septembre 1791. — M. Dandré propose que, le soir même, l'acte constitutionnel soit porté au roi par une députation de soixante membres, choisis par le président.

La proposition est acceptée.

Le président fait lecture de la liste des membres qui doivent composer la députation, dans laquelle figure M. Monneron, l'aîné.

Dernière séance de l'Assemblée nationale, le 30 septembre 1791.

« Le département et la municipalité de Paris, sont venus féliciter l'Assemblée de l'heureux achèvement de ses travaux.

• Quelques décrets que les circonstances rendaient indispensables ont été adoptés.

• A trois heures, le roi s'est rendu à l'Assemblée, et y a renouvelé, au milieu des acclamations du peuple, la promesse de maintenir la constitution par tous les moyens qu'elle met en son pouvoir.

« Un des secrétaires a fait ensuite lecture du procès-verbal de la séance, et le président, qui était alors Thouret, député de Rouen, a déclaré que l'Assemblée avait rempli sa mission. » (1)

L'Assemblée nationale de 1789, issue du suffrage de cinq millions d'hommes qui prirent part à l'élection, a fait de bien grandes choses; « elle a donné à la France l'égalité devant la loi, la représentation nationale et ce gouvernement du pays par le pays, qui est devenu le mot d'ordre de tous les peuples libres; elle a détruit les privilèges et les abus du passé; elle a souvent porté jusque dans cette entreprise difficile un esprit d'équité qui l'honore, que ses successeurs ignorèrent et qu'il serait injuste d'oublier. Elle a voulu le bien, elle en a fait beaucoup. » (2)

Est-ce à dire qu'elle n'a pas fait de fautes? Hélas! où sont les assemblées qui n'en font pas! Sa dernière fut peut-être la plus grande. « L'Assemblée constituante avait achevé son œuvre; elle allait faire place à une Assemblée nouvelle, chargée de nouveaux devoirs et d'une tâche nouvelle; elle conçut la fatale pensée d'en interdire l'accès à tous ses membres. Les hommes que le pays connaissait, estimait, honorait, avaient presque tous été portés aux États généraux par les élections de 1789; dans les deux années qui venaient de s'écouler, chargés de tant d'expériences et de désappointements amers, ceux qui pouvaient apprendre avaient beaucoup appris; quelles que fussent encore leurs illusions ou leur ignorance, ils étaient plus que tout autre, ils étaient seuls en

---
(1) *Moniteur.*
(2) Guizot. *Histoire de France.*

état de guider l'opinion publique ; ils déposèrent volontairement les armes par lassitude, par un désintéressement mal placé, par la conviction que le vœu de la nation appelait des hommes nouveaux. » (1)

Ce fut une faute et un malheur pour la France. L'Assemblée législative, privée de tous les hommes qui avaient jusqu'alors fait l'éclat de la Révolution, remplaça, le 1er octobre, l'Assemblée de 1789, la plus populaire qui ait jamais été. Avec elle, on n'aurait probablement pas vu ces scènes sanglantes qui épouvantèrent le Midi et furent le premier acte des *Massacres de Septembre*.

Là s'arrêtent nos réflexions, ne voulant pas juger ici les hommes de ces époques terribles.

---

(1) Malouet. — *Mémoires*.

ASSEMBLÉE LÉGISLATIVE

ouverte le 1ᵉʳ octobre 1791.

Voici les noms des députés ardéchois qui allèrent siéger à l'Assemblée législative, le 1ᵉʳ octobre 1791 :

DALMAS (Jean-François), avocat, procureur-syndic du département.

BASTIDE (Jean-François), avocat, administrateur du Directoire de l'Ardèche.

SAINT-PRIX (Hector-Soubeiran), avocat.

VACHER (Jean-Baptiste-Louis), avocat, à Privas.

VALLADIER (Isidore), avocat, à Vallon.

FRESSENEL (Claude-André), avocat, à Annonay.

DEREBOUL, avocat, à Bourg-St-Andéol, vice-président du Directoire de l'Ardèche.

Députés suppléants

GAMON (François-Joseph), avocat, remplaça Valladier, qui donna sa démission.

PAILHON-LARIBE (Jean-Louis), avocat, à St-Étienne-de-Lugdarès.

BOSC-VILLENEUVE, avocat, à St-Félicien.

---

(1) Malouet. — *Mémoires.*

DE LAUNAY
COMTE D'ANTRAIGUES

DÉPUTÉ DE LA NOBLESSE

Le comte d'Antraigues fut le premier député vivarois qui salua avec enthousiasme l'aurore de la Révolution; c'est lui que nous plaçons en tête de notre galerie des députés aux États généraux.

Les seigneurs d'Antraigues étaient très anciens dans le Vivarais. En 1200, nous les trouvons possesseurs de la seigneurie d'Asprejot (Asperjoc). Le 12 d'avant les calendes de décembre 1266, un Pons d'Antraigues passa une transaction avec Pons Mailhan, relative à une vigne située à Marconave, près St-Julien-du-Serre.

En 1320, les seigneurs d'Antraigues relevaient directement des rois de France, héritiers des comtes de Toulouse. Ils guerroyèrent longtemps contre les évêques de Viviers et les Montlaur d'Aubenas, qui se prétendaient leurs suzerains. Mais, sous prétexte de se défendre, ils commirent toute espèce de brigandages. Leurs crimes excitèrent, vers la fin du xvie siècle, des réclamations si générales que le baron d'Antraigues fut appréhendé, conduit à Toulouse et condamné aux galères; de plus, quelques années après, en 1605, ses trois fils, que n'avait pas amendés ce terrible exemple et qui en étaient arrivés à voler et à tuer sur les grands chemins, furent aussi arrêtés et jugés par le parlement de Toulouse, qui leur fit trancher la tête et partager le corps en quatre parties.

Les seigneurs d'Antraigues possédaient le formidable château de la Bastide. Au xvi⁰ siècle, leurs biens et leur nom passèrent dans la famille de Launay, par le mariage de Trophyme de Launay, avec Marie de Cayres d'Antraigues.

Ces nouveaux seigneurs fixèrent leur résidence au château de la Bastide qu'ils embellirent, et changèrent les traditions sinistres de leurs prédécesseurs.

Les de Launay étaient anciens dans le Vivarais. Louis de Launay, écuyer, seigneur de Melmon, fut père de Antoine de Launay, écuyer, seigneur de Picheron, qui épousa, le 20 novembre 1550, Jeanne de Fay, dont il eut :

Trophyme de Launay Ier, seigneur de Picheron et d'Antraigues, gentilhomme ordinaire de la chambre du roi, bailli du Gévaudan, gouverneur des villes et châteaux de Marvejols, Chirac, Grèzes. Par son mariage avec Marie de Cayres d'Antraigues, en 1580, le nom et la terre d'Antraigues passèrent sur sa tête.

C'est à lui que Henri IV écrivait un jour la lettre suivante :

« *A Monsieur de Launey, baron d'Entraigues,*
gouverneur du Vivarez et du Gévaudan.

« Monsieur Delauney d'Entraigues, Dieu aydant, j'espère
« que vous estes à l'heure qu'il est restably de la blessure
« que vous receutes à Coutras, combattantz si vaillamment
« à mon costé ; et si ce est, comme je l'espère, ne faites
« faulte (car, Dieu aydant, dans peu nous aurons à découdre,
« et ainsy besoin de vos services) de partir, aussitost pour
« venir me joindre. Sans doute, vous n'aurés manqué, ainsi
« que vous l'avez annoncé à Mornay, de vendre vos bois de
« Mézillac et Cuze et ils auront produit quelques milles pis-
« toles. Si ce est, ne faites faulte de m'apporter tout ce que
« vous pourrés, car de ma vie je ne fus en pareille discon-

« venue ; et je ne sçais quand, ni d'où, si jamais je pourray
« vous les rendre ; mais je vous promets force honneur et
« gloire ; et argent n'est pas pasture pour des gentilshommes
« comme vous et moy. »

« La Rochelle, ce XXV° octobre 1588. » (1)

« Votre affectionné,

« HENRY. »

Le prince *Vert-Galant* n'était alors que prétendant ; il est probable qu'une fois sur le trône, il dut rembourser les pistoles prêtées par le gentilhomme Vivarois.

Son fils, Jacques de Launay, « comte d'Antraigues, la Bastide, Asperjoc, St-Lager et autres places, quand vivait maréchal de camp ez armées du Roy » épousa, le 20 décembre 1633, Philiberte d'Arpajon, dont il eut plusieurs enfants, entre autres :

Trophyme de Launay II, seigneur de la Champ, gentilhomme ordinaire de la chambre du roi et maréchal de camp. En décembre 1688, il obtint par lettres-patentes, l'érection en comté de la terre d'Antraigues. Le 20 août de la même année, il avait épousé Isabeau de Girard de Basoges.

Jules-Alexandre de Launay, comte d'Antraigues, neveu du précédent, épousa Marie-Jeanne-Sophie de Saint-Priest, d'une très ancienne et illustre famille du Dauphiné. De ce mariage naquirent deux enfants :

Emmanuel-Henry-Louis-Alexandre de Launay, comte d'Antraigues, celui dont nous allons tracer la biographie.

Marie-Sophie-Marguerite-Félice de Launay d'Antraigues, qui épousa le marquis de Viennois.

---

(1) Lettres missives de Henri IV.

Emmanuel-Henry-Louis-Alexandre de LAUNAY D'ANTRAIGUES naquit à Antraigues vers 1755. Nous avons écrit en 1882, après M. l'abbé Mollier (1), qu'il était né à Villeneuve-de-Berg, chez sa tante ; après de minutieuses recherches faites par M. Deleuze, maire de cette ville, nous avons pu nous convaincre que Villeneuve n'avait pas vu naître le comte d'Antraigues. Nous aurions voulu donner son extrait de naissance ; malheureusement, il y a des lacunes, à cette époque, sur les registres de la commune d'Antraigues : c'est ce qu'a constaté M. le curé Chenivesse. On voit souvent les noms du père et de la mère du comte, dans des actes de baptême, mais alors en qualité de parrain et de marraine.

Le comte de Saint-Priest, l'un des derniers ministres de Louis XVI, fut chargé de diriger l'éducation du comte d'Antraigues, son neveu. Il l'envoya de bonne heure à Paris, et lui donna pour précepteur l'abbé Pierre Maidieu. Plus tard, il confia son éducation au fameux abbé Maury, qui inspira à son élève le goût de cette éloquence d'apparat, qui séduit et entraine le plus grand nombre des hommes, mais qui opère plus difficilement la conviction dans les esprits sages et réfléchis. Il entra dans l'armée comme officier, par la protection de son oncle, et devint capitaine au régiment royal Piémont-cavalerie.

Le comte d'Antraigues abandonna bientôt la carrière des armes pour se lancer dans le monde, où une figure agréable, des manières élégantes, un esprit cultivé et original lui valurent de grands succès.

Après une longue expatriation, qui lui avait valu une réputation géographique, le comte d'Antraigues vécut à Paris une partie de l'année dans le monde des philosophes, où il

---

(1) *Recherches historiques sur Villeneuve-de-Berg*, p. 299.

semble avoir noué des relations presque intimes avec Jean-Jacques Rousseau (1). Il vivait avec les comédiens et les comédiennes de la Comédie française, avec les savants, avec les Montgolfier, les Blanchard, Pilâtre de Rozier, en ce moment où les ballons tournaient toutes les têtes ; personne plus que lui ne contribua à propager la découverte de ses compatriotes. Il était encensé et recherché par les actrices, les danseuses les plus célèbres de l'époque, par les marquises et les duchesses. Il se fit le Mécène des gens de lettres et des artistes.

Les amis du comte d'Antraigues parlaient déjà avec mystère et admiration de profonds mémoires que ce jeune noble, libéral et travailleur, préparait en faveur du peuple contre la tyrannique théorie du jurisconsulte Loysel : « Que si veut le Roy, si veut la Loy. » Le beau comte, avec le bruit que ses prôneurs faisaient autour de lui, avec sa verve méridionale, avec son exaltation d'imagination, avec sa chaleur de parole, passait pour un homme de génie dans une ou deux sociétés. Et en attendant qu'il se mesurât avec le ministère, il déclamait furibondemment contre les despotes de l'Afrique et de l'Asie, faisant l'émerveillement de toutes les femmes étonnées de son courage. (2)

D'Antraigues quitta Paris pour venir vivre, dans son château de la Bastide, de la vie du penseur, du poète, du philosophe et de l'artiste. C'est de là qu'il correspondait avec sa maîtresse, la fameuse Saint-Huberty, en tournées théâtrales à travers la France. Il avait formé un musée des nombreux objets apportés de ses voyages en Orient et se faisait un plaisir de le montrer aux amateurs qui venaient le visiter.

---

(1) Edmond de Goncourt. — *La Saint-Huberty*.
(2) Edmond de Goncourt. — *La Saint-Huberty*, p. 182.

Le comte d'Antraigues possédait les mines de Prades et de Nieigles (1). Il était d'ailleurs justicier de cette dernière paroisse. Cela lui donna l'occasion de voir fréquemment M. Malosse, prieur de Nieigles, dont nous avons déjà parlé. Ce prêtre était à la tête des membres du clergé du Bas-Vivarais, qui saluèrent avec joie la belle aurore de liberté dont ils avaient été les obscurs mais vaillants et généreux prophètes.

Nous sommes à la fin de 1786 : le comte d'Antraigues compose son premier ouvrage, qui doit avoir un grand retentissement. Il prévoit tout l'effet que produira sa publication ; aussi le voyons-nous se préoccuper de sa personne et de la sécurité des siens. (2)

Quelques mois plus tard, dans une lettre, datée du 20 juillet 1787, la Saint-Huberty, se montrant gentiment jalouse de la confiance que le comte lui accorde, laisse percer une légère peur de l'accord et de l'audace de l'opposition contre le gouvernement, craint qu'il ne s'expose en se faisant nommer aux États généraux. Elle l'engage à rester dans le Vivarais, redoutant que s'il revient à Paris il ne se fasse mettre à la Bastille.

Dans une autre lettre, où la Saint-Huberty parle au comte de ses affaires, d'une indisposition qui l'a forcée à appeler Cabanis, le médecin de d'Antraigues, elle lui annonce son départ pour Metz. Dans l'inquiétude des dangers politiques qui menacent son amant, elle lui dit : « J'aurais donné ma vie

---

(1) La concession lui en avait été faite en 1774, par les États généraux du Languedoc et les États particuliers du Vivarais.

(2) Nous avons publié, en 1882, une *Déclaration* trouvée dans les minutes de M. Doize, notaire, qui montre évidemment que le comte d'Antraigues, en l'écrivant, obéissait à des préoccupations.

pour toi, maintenant je donnerai bien plus, mon repos pour la permanence du tien. » (1)

En 1788, les évènements tumultueux du 10 septembre, la retraite de Brienne, de Lamoignon, faisaient écrire à la Saint-Huberty une longue lettre, datée du 14 septembre, de laquelle nous détachons ce passage : « Puisque tu veux que je te dise encore mon avis, je suis de celui que tu m'as ouvert dans une de tes lettres, de l'apporter à Paris en manuscrit, parce que, vu les circonstances qui peuvent changer, jusqu'au moment où il doit paraître, il y aurait peut-être quelque chose à changer et il faudrait tout réimprimer. « (2)

« Ne vas pas croire que c'est pour te donner mon avis que je désire le voir, avant qu'il soit imprimé ; non, je sais que tu n'en as pas besoin, et que mes connaissances ne peuvent se mesurer avec le bien que je te veux ; mais c'est peut-être pour avoir le plaisir d'être la première qui l'ait vu. »

.·.

Ainsi que nous l'avons dit, « le comte d'Antraigues avait connu Rousseau, alors que ce philosophe était obscur ; il l'avait visité dans une mansarde lorsqu'il copiait de la musique pour gagner sa vie et, là, Jean-Jacques lui avait expliqué, comme à un ami, tout ce que ses ouvrages renfermaient de pures théories. Dans ces conversations intimes, la vérité jaillissait des lèvres du philosophe sans alliage de paradoxe, et se répandait dans l'âme du comte qui s'en nourrissait avec enthousiasme.

Dans le courant de l'année 1788, il publia deux brochures sur les « *Droits du peuple* » et la « *Constitution de la monar-*

---

(1) Edmond de Goncourt. — *La Saint-Huberty*.
(2) Il est évidemment question du fameux *mémoire sur les États généraux*.

chie », qui eurent un grand succès. « Quel est le droit imprescriptible du Tiers-État ? disait-il. Celui du grand nombre sur le petit nombre, puisque cet ordre est aux deux autres comme cent mille est à un. Celui des travaux féconds sur les propriétés stériles, puisque la terre, sans bras industrieux, ne serait qu'une planète et jamais un empire. Celui des arts et des mœurs sur la paresse et sur le luxe, puisque le peuple riche consomme dans l'abondance, tandis que le peuple laborieux produit et reproduit dans la disette. Celui de la raison et de l'expérience sur l'ambition et sur la vanité, puisque la médiocrité est la mère du bon esprit, la nécessité la mère des bonnes loix. Celui de l'équité naturelle et de la juste compensation, puisque si le clergé et la noblesse, les deux favoris éternels de la société, contribuent pour des millions, le peuple, infortuné, proscrit, contribue pour des milliards, et qu'il prodigue dans l'ombre et la poussière, son or, ses sueurs et son sang. Celui de l'antiquité elle-même, puisque la charrue existait avant le blason, la houlette avant la crosse, les ateliers avant les tribunaux, le commerçant avant le trésorier, le simple fermier avant le fermier général, les non-privilégiés enfin, avant tous ceux qui le sont devenus par la faveur des rois. Les prétentions de la noblesse moderne émanent du trône; celles du Tiers-État émanent de la nature. Les prétentions de la noblesse antique se perdent dans la nuit des temps ; celles du Tiers-État se trouvent à la naissance des sociétés. La terre est le monument impérissable où sont gravés ces titres : la nation entière descend du Tiers-État, et il serait presque banni de l'Assemblée nationale! Celui qui est le plus nombreux, le plus utile, le plus instruit, le plus opprimé, serait le moins entendu ; les sacrificateurs délibèreraient dans le temple, et le troupeau attendrait à la porte l'arrêt de son supplice ! »

A la fin de la même année, il publia son *Mémoire sur les États généraux*, qui eut un grand retentissement. Il avait pour épigraphe la fière formule employée par le justicier d'Aragon, lorsqu'il prêtait serment au roi, au nom des Cortès : « Nous « qui valons autant que vous et qui tous ensemble sommes « plus puissants que vous, nous promettons d'obéir à votre « gouvernement, si vous maintenez nos droits et nos privi- « lèges ; sinon, non. » L'ensemble de l'ouvrage, que J.-J. Rousseau et le prieur Malosse auraient pu revendiquer chacun pour une bonne part, n'est que le développement de ce texte. Ce mémoire commençait par ces lignes : « Ce fut sans doute pour donner aux plus héroïques vertus une patrie digne d'elles, que le ciel voulut qu'il existât des républiques ; et peut-être, pour punir l'ambition des hommes, il permit qu'il s'élevât de grands empires, des rois et des maîtres. » Le comte d'Antraigues attaquait le despotisme aristocratique, dénonçait la noblesse héréditaire « comme le plus épouvantable fléau dont le ciel, dans sa colère, pût frapper une nation libre. » (1)

« Les fausses idées qu'enfanta la féodalité, disait-il, ont produit ces nobles aussi vains que faibles, cette noblesse ennemie de la popularité, qui assiège le trône, qui s'empare de tout par droit de naissance et qui semble former autour des rois une nation nouvelle, ennemie des peuples. » (2)

Enfin, après avoir attaqué tous les ministres des rois, il émettait cette déclaration solennelle : « Le Tiers état est le peuple, et le peuple est la base de l'État ; il est l'État lui-même ; les autres ordres ne sont que des divisions politiques, tandis que le peuple est tout par la loi immuable de la nature, qui veut que tout lui soit subordonné, et que son salut soit la première loi de l'État et le motif qui les autorise toutes. »

« C'est dans ce peuple que réside la toute-puissance na-

---

(1) *Mémoire*, page 61.
(2) *Mémoire*, page 85.

tionale ; c'est par lui que tout l'État existe, et pour lui seul qu'il doit exister. » (1)

Il n'y a pas de publication qui ait contribué plus puissamment à activer le mouvement révolutionnaire ; elle faisait de son auteur l'apôtre de la vérité, l'idole de la nation, le coryphée des écrivains qui avaient écrit sur la matière ; dans les salons du faubourg St-Germain on lui donnait le surnom de *Beau conjuré*.

Quand le comte d'Antraigues apprit que son oncle, le comte de Saint-Priest, venait d'être nommé ministre de Louis XVI, il lui écrivit une lettre, non pour le féliciter de cette haute faveur, mais pour l'engager à déterminer ce monarque à rendre au peuple son indépendance et ses droits.

. .
.

La place de ce jeune noble, aussi intelligent que libéral, était toute marquée aux États généraux. Le 4 avril 1789, il fut élu député de la sénéchaussée de Villeneuve-de-Berg.

Le comte d'Antraigues fit partie de toutes les commissions de la noblesse, choisies pour conférer avec les commissaires du tiers état et du clergé, à l'occasion de la vérification des pouvoirs.

Il proposa d'autoriser les commissaires conciliateurs à annoncer à MM. du tiers que la noblesse renonçait à ses avantages pécuniaires. Cette proposition eut beaucoup de contradicteurs dans l'ordre de la noblesse. On la trouva trop absolue, trop générale.

Mais le comte changea bientôt d'opinion. Imagination méridionale, esprit mobile, avec une parfaite sincérité en ses changements et ses métamorphoses, il joua tour-à-tour le rôle d'un défenseur de la liberté et du peuple, se fit le champion de cette antique noblesse, qu'il avait proscrite quelques

---

(1) *Mémoire*, page 246.

mois auparavant, et se montra le serviteur de la royauté dans des circonstances difficiles, ce qui ne l'empêcha pas d'être un des premiers à abandonner son roi, à prendre la fuite.

Le 30 mai 1789, d'Antraigues lut à l'Assemblée un *Mémoire sur les États généraux*, au point de vue de la vérification des pouvoirs. Dans ce mémoire, l'auteur rappelle les procès-verbaux des États de 1560, 1576, 1588 et 1614, et démontre que, chaque fois, la vérification des pouvoirs fut faite par ordre et non par tête. Il cite également les États généraux de 1356 et 1483. « Notre mission, conclut-il, n'est pas d'établir une constitution nouvelle, mais de rétablir la constitution. »

Dans la séance du 3 août, l'Assemblée nationale délibéra sur le projet de constitution à donner au peuple français et sur la rédaction des *Droits de l'homme*. A cette occasion, le comte d'Antraigues, qui n'avait rien dit depuis le 30 mai, prononça un long discours dont nous détachons ces passages :

« Les peuples, quand la tyrannie les persécute et les écrase, usent de leur force et recouvrent leur liberté.

« Il est indispensable de faire une déclaration des droits pour arrêter les ravages du despotisme. Si nos ancêtres nous eussent laissé ce grand ouvrage, nous ne nous occuperions pas de le procurer à nos neveux.

« La déclaration est indispensable, afin que si le ciel, dans sa colère, nous punissait une seconde fois du fléau de despotisme, on pût au moins montrer au tyran l'injustice de ses prétentions, ses devoirs et les droits de ses peuples. » (1)

Ce discours, plein d'idées justes, est le seul discours libéral prononcé à l'Assemblée par le comte d'Antraigues.

Le 2 septembre 1789, il en prononça un autre sur la sanction royale, et il concluait ainsi :

« J'opine pour le maintien de la sanction royale et pour la

---

(1) *Moniteur* du 1ᵉʳ au 3 août 1789.

séparation des pouvoirs. Ces deux articles de la Constitution seront la sauvegarde même des libertés publiques. » (1)

Le 6 février 1790, le comte d'Antraigues prêta serment à la nouvelle Constitution, mais avec des restrictions et des réserves. Étant malade, il envoya son serment par lettre. Sa lettre se terminait ainsi : « Je ne regarderai jamais, comme une infraction à mon serment, la liberté d'exposer par écrit des opinions qui tendraient à faire connaître les imperfections de la Constitution, pour en préparer la réforme aux législatures suivantes. » Ces restrictions soulevèrent de grands murmures. M. Goupilleau demanda qu'on renvoyât la lettre à son auteur et qu'on ne reçût son serment qu'à la tribune. Malouet approuva la restriction du comte d'Antraigues, et Charles de Lameth proposa d'accepter le serment et de laisser à l'auteur la liberté d'écrire.

Le 26 février, le comte demanda un congé de six semaines, mais il ne reparut plus à l'Assemblée, il avait pris le parti d'émigrer. (2)

Il fixa sa résidence dans une campagne aux environs de Lausanne et, le 3 avril 1790, Mlle Saint-Huberty prenait un passeport pour se rendre à Genève, avec une femme de chambre et deux domestiques. Arrivée en Suisse, elle s'installa dans une maison située en face de celle occupée par le comte, qui venait prendre ses repas chez sa maîtresse. Les deux amants restèrent à peu près trois mois dans cette campagne ; de là, ils allèrent habiter, dans le bailliage de Mindrisio, le château de San-Pietro, appartenant au comte de Turconi. (3)

---

(1) *Moniteur* du 2 au 3 septembre 1789.
(2) En 1789, le comte d'Antraigues, au milieu de ses travaux législatifs, publia : *Mémoire sur les mandats impératifs. Mémoire sur le rachat des droits féodaux, déclarés rachetables par l'arrêté de l'Assemblée nationale, le 4 août 1789. Observations sur le divorce.*
(3) Ed. de Goncourt. — *La Saint-Huberty.*

Le 29 décembre 1790, un mariage secret était célébré entre le comte d'Antraigues et la Saint-Huberty, par le curé Bancaldi, en l'église St-Eusèbe, paroisse de Castel de San-Pietro.

Pour des raisons graves à lui connues, l'évêque de Côme avait donné dispense de faire les proclamations usuelles, dispenses aussi de toutes recherches et preuves ultérieures et postérieures, avait enfin accordé la faculté de contracter mariage ensemble, dans quelque temps, quelque heure, et dans quelque lieu que ce fût.

Le lendemain de la célébration du mariage, le comte d'Antraigues remettait à sa femme cette lettre :

« Je peux mourir, ma chère femme, et l'on ne saurait s'acquitter trop tôt du plus saint des devoirs.

« Il est possible qu'il manque à notre union quelques-uns des caractères qui, suivant la loi de France, sont exigés pour y légaliser les mariages, et des circonstances impérieuses peuvent m'empêcher de les remplir de longtemps.

« Si je venais à mourir avant cette époque, je veux que vous puissiez rendre à ma mémoire l'honneur que vous lui devez, en vous rendant à vous-même ce qui vous est dû.

« Je déclare donc qu'après sept ans d'amitié, de confiance réciproque, j'ai uni par le mariage à ma destinée celle qui avait eu le courage de vouloir partager mes malheurs ; que le vingt-neuf décembre mil sept cent quatre-vingt-dix, après avoir obtenu de l'évêque de Côme la dispense pour la publication des bans et la permission de nous marier, à l'heure et dans le lieu qui nous plairait, je vous ai épousée dans le château de Castel San Pietro, devant deux prêtres témoins. »

« Avec plusieurs raisons pour exiger le secret de ce mariage, je ne vous ai pas caché la plus impérieuse de toutes : le chagrin qu'en avait ma digne et respectable mère ; mais je la connaissais, si elle n'avait plus que des pleurs à donner à ma mémoire, elle pardonnerait le secret de notre union et ne verrait que la femme de son fils dans celle qui veilla sur ses destinées, qui en adoucit la rigueur et qui reçut les derniers soupirs de son cœur.

Quoique les deux amants n'eussent emporté, dans leur départ précipité, que quelques milliers d'écus, et que le comte ne touchât pas une pension ou une gratification des cours étrangères avant 1793, le ménage vivait noblement, voyant très peu de monde cependant, et ne recevant guère que le curé et le prêtre Marcher, qui venait dire la messe tous les dimanches à la chapelle de San-Pietro. Le domestique attaché à la comtesse se composait du ménage Sibot, auquel elle avait joint un ancien marchand de baromètres qu'elle avait pris à son service.

Dans les derniers mois de l'année 1791, la comtesse d'Antraigues devenait enceinte. Le mariage ayant été gardé secret, les époux voulurent que la naissance de l'enfant ne fût pas connue sur les lieux, et quand sa grossesse devint visible, la comtesse, en compagnie de sa femme de chambre, alla s'enfermer trois mois dans une ferme de la campagne. Lorsque l'accouchement approcha, elle vint prendre logement chez un médecin d'un petit village, aux environs de Milan, dont la maison était toute pleine d'ossements et de têtes de morts. Une sage-femme était établie chez le médecin, et le garçon dont accouchait la comtesse d'Antraigues était aussitôt mis en nourrice.

Le 28 juin 1792, l'enfant, né le 26 chez le médecin, était baptisé dans l'église de Greco par Bancaldi, sous les noms de Pierre-Antoine-Emmanuel-Jules, comme né de l'illustre comte Emmanuel-Henry-Louis-Alexandre de Launay, comte d'Antraigues, et de dame Reine-Antoinette Clavel, dite Saint-Huberty. Il avait pour parrain Jean Sibot, qui venait d'épouser la femme de chambre de la Saint-Huberty ; il tenait l'enfant sur les fonts par procuration du révérend Pierre Maidieu, vicaire général de Troyes en Champagne, qui avait été précepteur du comte d'Antraigues ; la marraine était la femme de chambre. Il était convenu avec les Sibot que, lorsque l'enfant serait retiré de nourrice, il resterait avec eux, qu'il passerait pour leur enfant, qu'ils le déclareraient hautement à tout le monde.

La comtesse d'Antraigues, rétablie de ses couches, tout le monde revenait à Mindrisio. (1)

. .

Cédant aux avances qu'en temps de révolution on ne manque jamais de faire aux hommes les plus populaires, le tribun de la cause libérale s'était métamorphosé en défenseur ardent du pouvoir absolu ; il était devenu le Marat des royalistes.

En même temps qu'il engageait des relations avec les hommes d'État hostiles à la révolution, qu'il se mettait en rapport avec les chancelleries étrangères, « qu'il fouettait par une correspondance énorme les peurs et les rancunes des cours de Londres, d'Allemagne, d'Autriche, qu'il nouait enfin le réseau des intrigues et des machinations occultes qui allaient si longtemps, en dépit des succès des armées françaises, rendre douteux l'établissement du nouvel état de choses (2) », le comte d'Antraigues, de ce coin de la Suisse italienne, où il vivait avec l'ancienne chanteuse de l'opéra, suivait les évènements qui se passaient dans sa patrie, et dans une série de brochures, où il se faisait le porte-voix de la contre-révolution, le champion du pouvoir absolu, il combattait à mort les hommes et les choses de la nouvelle France.

Dans une « lettre de Louis d'Antraigues à M. Des... sur le compte qu'il doit à ses commettans de sa conduite aux États généraux », nous lisons quelques passages qui ne

---

(1) Ed. de Goncourt. — La Saint-Huberty.
(2) Ed. de Goncourt. — La Saint-Huberty.

manquent pas de grandeur. « Non, non, mon ami, dit-il, quand on est né avec l'amour de la Liberté, quand à ce sentiment vient s'unir celui de la Patrie, *quand dans l'ivresse* de l'espérance, on crut qu'il était temps pour elle de briser ses fers et de s'élever à la hauteur de sa rivale, et lorsque enfin on a vu ce qu'était pour elle la Liberté, et l'usage qu'elle en sait faire, il ne reste plus d'autre consolation que celle que la main bienfaisante de Dieu accorde aux malheureux, celle d'échapper au tourment de ses pensées dans la nuit du tombeau.

« Qu'ils me dénoncent, qu'ils incendient ma demeure, qu'ils m'assassinent, je les mets tous au pis sans les craindre; jamais leur férocité ne me causera, pour ce qui m'est personnel, les tourmens que m'ont causés les malheurs irréparables de ma Patrie. Ah! certes je ne les crains pas; après avoir rendu la vie amère, odieuse, la ravir serait un bienfait, et cependant la crainte de la perdre est le nerf de leur puissance. » (1)

Le 1er octobre 1791, il lançait de Milan une protestation « contre les décrets rendus par la soi-disant Assemblée nationale, depuis le 17 juin 1789 jusqu'au dernier qu'elle rendra, le jour où elle aura cessé d'exister. »

Dans un pamphlet anonyme intitulé : *Des monstres ravagent tout*, avec cette épigraphe : *l'Enfer dicte nos Lois*, nous relevons ces violences de langage : « On sait que le Roi, parfaitement instruit de toutes les trahisons du sieur Necker, prit enfin le parti de le renvoyer le samedi, 11 juillet 1789, à dix heures du soir. (Ce que je n'approuvai pas, tant s'en faut). Il fallait le pendre à la porte de l'Assemblée, entrer dans la salle de ces insolens Législateurs; leur dire avec force : voyez ce que j'ai fait, jugez par là de ce que je puis faire.... Ils eussent tous rentré dans la poussière. » (2)

---

(1) Page 16.
(2) Page 37.

Et plus loin : « L'Assemblée, pour forcer le Roi à rappeler ses ministres, déclare que ceux qui les remplacent, ainsi que tous les agents civils et militaires de l'autorité, sont responsables de toutes entreprises contraires aux droits de la Nation et à ses Décrets. Eh ! le Roi ne les a pas foudroyés ! J'avoue que si j'avais eu l'honneur de le conseiller, il y a longtemps que cette guerre serait finie. Il n'aurait fallu ce jour-là qu'une douzaine de Députés sur l'échafaud, il en faudrait beaucoup plus aujourd'hui. » (1)

. . . .

« Il faut chasser honteusement cette infernale Assemblée, et que le bourreau délivre le genre humain des plus scélérats. »

Cette guerre de la plume était menée par le comte en même temps qu'il conspirait contre le gouvernement de son pays, offrant à toutes les cours ses services et recevant de toutes de l'argent. Le comte de Provence (Louis XVIII), qui était à Turin, le choisit pour son secrétaire particulier et en fit son ministre accrédité, quoique jamais avoué, auprès des divers gouvernements de l'Europe. Les souverains coalisés oublièrent qu'il avait autrefois donné à plein collier dans le mouvement révolutionnaire et le chargèrent de diverses missions secrètes ; on lui alloua même une pension de trente-six mille francs. Devenu l'espion des émigrés, il eut recours à toutes sortes d'intrigues pour provoquer une contre-révolution en France.

Le 15 décembre 1795, le comte d'Antraigues fut attaché à la légation de Russie auprès de la République de Venise. Pendant tout le temps qu'il resta dans cette ville, il fut l'âme de toutes les machinations de Louis XVIII et des coalisés.

Le 16 mai 1797, un corps de troupes français débarquait sur la Piazzetta, et le général de division Baraguay-d'Hilliers prenait possession, dans la journée, de la capitale de l'Adriatique.

---
(1) Page 45.

La libre Venise et ses lagunes devenaient un terrain peu sûr pour les émigrés, les royalistes, les agents diplomatiques des chancelleries hostiles à la révolution ; le comte jugea prudent de prendre la fuite. Par malheur il tomba dans un avant-poste de l'armée française, en Italie, et fut arrêté avec tous ses papiers, qui furent publiés par le Directoire ; ils contenaient toutes les preuves de la conspiration de Pichegru.

On permit à d'Antraigues d'emmener sa femme et son enfant dans une voiture séparée. Et les deux voitures, escortées de vingt dragons, quittaient Trieste le 23 mai, à quatre heures du matin, et arrivaient le 29 à Milan. Le comte fut mené aussitôt chez le commandant, qui le sépara immédiatement de sa femme. Le 30, il fut conduit au château de Milan et logé dans le cachot n° 10, un réduit de douze pieds de longueur sur six de largeur. (1)

Grâce aux sollicitations et aux intrigues de sa femme, qui était restée à Milan, d'Antraigues put réussir à prendre la fuite. Sur un engagement d'honneur, daté du 9 juillet 1797, il avait obtenu la permission de garder les arrêts chez lui, avec la faculté de pouvoir se rendre aux bibliothèques et de se promener dans la ville. « Mais le 25 août, soit qu'il craignit un voyage forcé à Paris, soit qu'on lui donnât sous main la permission de sortir secrètement du Milanais, il disparaissait de Milan, sans que les personnes habitant la même maison que le ménage d'Antraigues eussent le moindre soupçon de sa fuite, voyant sa femme, pendant les quatre ou cinq jours qui suivirent sa disparition, occupée à faire, d'une manière ostensible, des bouillons, à préparer des remèdes, en disant que son mari était malade. (2)

---

(1) Ed. de Goncourt. — La Saint-Huberty.
(2) Ed. de Goncourt. — La Saint-Huberty.
Les historiens ont raconté bien autrement les moyens employés

Au mois de janvier 1798, nous trouvons la famille d'Antraigues installée à Gratz, en Allemagne, d'où le comte déclare officiellement son mariage, jusqu'alors resté secret. Le 9 mai 1800, « en considération des services que lui a rendus depuis plusieurs années, et que continue à lui rendre encore dans les temps actuels très critiques D.-Louis-Alexandre de Launay, comte d'Antraigues », le roi des Deux-Siciles confère au comte et à son fils l'ordre royal de Constantin et une pension, en attendant une commanderie. Le 16 juin 1804, la comtesse d'Antraigues reçoit de l'empereur d'Autriche le brevet qui confirme, en des termes flatteurs, une pension précédemment obtenue, « en mémoire des services par elle rendus à feue Sa Majesté la reine Marie-Antoinette de France, en qualité de surintendante de la musique de cette auguste princesse. »

Ce brevet vint trouver le ménage à Dresde, où le comte d'Antraigues, nommé l'année précédente conseiller d'État, par l'empereur Alexandre, était en train de remplir une mission secrète; correspondant avec la Suède, avec le ministre Alopéus, à Londres, travaillant à la coalition de l'Europe contre l'empereur Napoléon Ier. (1)

A cette époque, il publia contre Bonaparte un pamphlet si violent, que le gouvernement saxon se vit obligé de l'expulser pour éviter un conflit avec la France.

Il se décida à passer à Londres. C'est là qu'il trahit l'empereur Alexandre, en 1807, en livrant au cabinet britannique,

---

par la Saint-Huberty pour obtenir la liberté de son mari. Le comte d'Antraigues, surpris par les armées républicaines, avait été condamné à mort. Sa femme, résolue à le sauver, se précipita devant le cheval du premier consul, en jetant son enfant dans les bras de ce dernier; l'enfant s'accroche à la botte de Bonaparte en demandant la grâce de son père. Bonaparte étonné, attendri, l'accorda. Cette scène dramatique se passait à la place de Venise.

(1) Ed. de Goncourt. — *La Saint-Huberty*.

en échange d'une forte pension, les articles secrets du Traité de Tilsitt, dont il avait eu connaissance. On a prétendu que cette communication décida le gouvernement anglais à continuer les hostilités contre la France.

.˙.

Le comte et la comtesse d'Antraigues vivaient dans une riche aisance près de Londres, à Barnes-Terrace, en un joli cottage. Ils avaient une voiture, un cocher, un valet de pied, un domestique sans livrée (1) ; deux filles de chambre étaient attachées au service de la comtesse. Le comte était en relation avec les ministres anglais, la comtesse était reçue par la haute aristocratie, où elle se faisait parfois encore entendre. A leur porte, à Barnes-Terrace, était une aimable voisine, Mme Cox, chez laquelle le jeune d'Antraigues semblait s'être épris d'une jeune fille, nommée Mlle La Touche. La vie du vieux ménage semblait réunir toutes les conditions du bonheur. (2)

Mais le vieux politique se sentait bourrelé par le remords. Celui qui fut un moment « l'apôtre de la vérité, l'idole de la nation », voyait ses espérances, ses ambitions, ses rêves ajournés chaque année et reculer toujours devant lui ; il se repentait parfois de s'être fait le champion de la monarchie. Dans cette diplomatie occulte, dans ces métiers d'ombre et de mystère qu'il avait un peu faits dans tous les pays, dans cette cuisine de conspiration et de complots, d'achats de consciences et de trahison, de machinations louches dont il avait été le scribe complaisant et ténébreux, d'Antraigues avait laissé un peu de la gentilhommerie de sa conscience. Il souffrait du vide qu'avaient fait autour de lui ses compa-

---

(1) Ce domestique était un nommé Planet, de la commune de Nieigles, dont le petit-fils, M. Édouard Planet, habite le mas de Pourtalou.
(2) Ed. de Goncourt. — *La Saint-Huberty*.

triotes, les hommes mêmes de son parti. Et dans son intérieur de Barnes-Terrace, maintenant que la passion était éteinte entre les deux amants, le vieil exilé rencontrait des aspérités de caractère, des violences de caprices, une domination despotique prédits dans une lettre de sa vénérable mère.

Cet homme, qui eut un courage si ferme, une force inouïe de caractère dans l'adversité; dont l'âme fut toujours maitresse d'elle-même — jamais on ne vit plus de sécurité dans l'infortune — le comte d'Antraigues sentait s'amasser chez lui un noir chagrin mêlé d'une espèce de terreur enfantine de sa femme; il vieillissait dans le plus profond abattement.

. .

Le premier jour de sa vingt-deuxième année d'exil, par une de ces grises et splenétiques matinées de l'Angleterre, au mois de janvier, le vieux d'Antraigues, le bonheur de son foyer domestique perdu, ses ambitions domestiques à vau-l'eau, l'esprit affaibli, hanté par les idées de persécution et les terreurs d'espionnage qui habitent une cervelle de maniaque, écrivait ce soliloque désespéré, qui est à la fois la formelle condamnation de son mariage et de toute la conduite politique de sa vie :

« 1er de l'an 1812, à huit heures du matin, dans ma chambre, à Londres, ayant pris médecine à 6 heures, je commence cette année en versant des pleurs. C'est ainsi à peu près que je les ai toutes finies depuis 1790 (29 décembre).

« L'objet parait fort au-dessous d'un homme qui a quelque célébrité comme écrivain et quelque réputation comme politique. Mais c'est qu'il y a sous ma poitrine un cœur de chair, que je suis de chair et d'os et ne vois pas de différence entre un homme et un autre homme qu'on afflige et qui pleure. C'est le spectacle que j'ai eu à mon réveil et que me procure ma femme, en me forçant, bien malgré moi, à renvoyer Frédéric Driderici, sous le prétexte de fautes dont je me suis plaint et qui sont de vraies misères que je lui aurais pardonnées, mais par la raison réelle de torts envers elle qu'il n'a pas, et de fautes qu'il n'a jamais commises, en portant, dit-elle, de ses nouvelles à cette créature, — car je le renvoie. — Il entre en ce moment le laquais de ma femme, avec du thé que je renvoie.

« Je disais donc que je le renvoie malgré moi, que je fais une injustice, mais je ne puis le croire coupable ; je suis mené et ne peux pas résister aux persécutions.

« Voilà mes étrennes et le commencement de l'année 1812.

« Pour Driderici, je lui donne 2 L, à l'insu de ma femme, et un bon certificat, et la promesse de l'assister ; c'est tout ce que je puis faire dans ma position, et je l'ai fait.

« A présent je vois placé près de moi un espion, le fils de Mme Friquet, que l'on ne me donne que pour m'épier, ainsi que Jules à son retour.

« Cela m'est égal, qu'il m'espionne tant qu'il voudra, peut-être lui devrai-je mon repos par le compte qu'il en rendra.

« Voilà Driderici qui revient de chez Mme Cox. Le malheureux fond en larmes, je l'ai prié de partir à l'instant et je l'entends qui fait son paquet.

« Il me dit que Mme Friquet lui avait nui pour placer son fils. Je n'en sais rien, mais je pense que c'est un espion que ma femme place près de moi, que je chasserai sûrement s'il fait enfin le maître du logis.

« Je ne puis croire que je voie 1813, sans me séparer de ma femme, à moins que Dieu ne daigne m'accorder la grâce de mourir ou me donne une patience surnaturelle.

« Le ton qu'elle a pris depuis six mois est si rude, si violent, si injurieux, que si j'ai fait une grande faute en l'épousant sans la permission de ma sainte mère, j'en suis cruellement châtié.

« Elle a de grandes qualités, très belles, très rares, mais

son caractère est insupportable et me rend la vie bien amère, et mon intérieur plus cruel que le tombeau, où on me laissera au moins en paix.

« Je prévois le retour de mon ami et fils Jules avec effroi. Il sera une nouvelle cause de malheur pour lui et moi, par la tyrannie qu'elle prétendra exercer sur lui comme s'il avait six ans. Il ne pourra le souffrir, et pour celui-là, je le défendrai et jure devant Dieu de le défendre et ne le jamais abandonner quoi qu'il puisse en arriver.

« Ma mère me l'avait prédit quand elle m'écrivait de Montpellier, le 7 janvier 1798 : « Vous avez commis une grande faute, mon cher fils, en vous mariant sans ma permission, je vous la pardonne de toute la sincérité et tendresse de mon cœur, mais je dois vous le dire : Préparez-vous à la résignation, à la patience ; votre femme a des qualités rares. Elle vient de le prouver à Milan, mais je crois qu'elle a un caractère insupportable, et vous êtes celui qui lui convenait le moins avec votre caractère ennemi de l'autorité et de cette tyrannie ; je vous le prédis, vous serez très malheureux. Et n'oubliez jamais que quand on fait ce que vous avez fait en l'épousant, il faut s'y tenir et mourir sous la chaîne qu'on s'est imposée. »

« En cet état de choses, je ne prends aucun pronostic.

« Je me borne à demander à Dieu la résignation, la force, les ressources, la grâce d'être bon catholique, celle de protéger mon fils, de conserver ma femme et de mourir sans souffrir, mais en ayant le temps de me préparer.

« Je le supplie de ne pas me réduire à la misère et de me conserver ce qu'il m'a accordé, et que j'ai bien gagné, près de ces misérables rois que j'ai dû servir et que j'ai eu le malheur de servir. (1)

« D'ANTRAIGUES. »

---

(1) Ed. de Goncourt. — *La Saint-Huberty.*

Les relations que le comte d'Antraigues avait conservées à Paris, même avec de grands personnages, faisaient de lui le principal instrument de la restauration bourbonnienne qui allait bientôt s'accomplir ; il passait ainsi pour l'un des plus grands politiques de l'Europe. Mais il ne devait pas voir l'achèvement de son œuvre.

La police impériale avait envoyé à Londres deux émissaires, qui, s'étant abouchés avec un domestique piémontais, nommé Lorenzo, au service du comte depuis trois mois seulement, obtenaient, par son intermédiaire, la communication des notes et dépêches que son maître préparait pour être remises au cabinet anglais. (1)

Le 22 juillet 1812, le comte et la comtesse d'Antraigues, devant aller à Londres, avaient, la veille, donné l'ordre à leur équipage d'être devant la porte de leur habitation, à huit heures du matin. « La comtesse était déjà sur le pas de la porte, prête à monter en voiture ; le comte, un peu en retard, descendait l'escalier, quand le domestique Lorenzo, appelé là-bas Lawrence, débouchait brusquement par la terrasse et tirait au comte un coup de pistolet qui lui effleurait les cheveux. Le comte, étourdi un moment, se mettait à la poursuite de l'assassin, qui, dans la fumée du coup de pistolet, venait de passer rapidement devant lui, était monté dans la chambre de son maître, avait détaché d'une panoplie un poignard et un pistolet, redescendait l'escalier une arme dans chaque main. Arrivé près du comte, Lorenzo lui plongeait le poignard jusqu'à la garde dans l'épaule gauche ; puis, courant à la porte où se trouvait la comtesse, il bousculait les deux filles de chambre restées dans le corridor, et poignardait la Saint-Huberty avec le poignard encore tout chaud du sang de son mari.

---

(1) Décembre - Allonnier. — *Dictionnaire de la Révolution française.*

Dans la lâche peur de toute la domesticité frappée d'effroi, Lorenzo, toujours poursuivi par le vieux d'Antraigues, perdant son sang et pouvant à peine se soutenir, remontait dans la chambre du comte, se mettait dans la bouche le canon du pistolet qu'il avait gardé et se faisait sauter la cervelle, pendant que l'assassiné se renversait agonisant sur son lit.

La comtesse d'Antraigues, la poitrine trouée au-dessous du sein gauche d'une blessure large de plusieurs doigts, avait chancelé, s'était écriée : « C'est Lawrence ! » et était tombée morte devant la maison, sur la route de la porte du péage. »

Ce tragique assassinat, sur lequel la lumière ne sera peut-être jamais faite, eut pour témoin le cocher du comte ; mais par des circonstances qu'on n'a jamais pu expliquer, les témoignages ne furent pas recueillis, ni les circonstances recherchées avec soin. Le jury, sur l'enquête du coroner, rendait un verdict qui établissait que Lawrence avait assassiné le comte et la comtesse, et s'était tué étant sain d'esprit. (1)

. . .

Ainsi finit notre trop célèbre compatriote, dont l'existence fut un des tableaux les plus frappants de l'inconstance de l'esprit humain !..

---

(1) *The new annual register for the year 1812.* London, Stockdale, 1813.

Voici l'acte d'inhumation du comte et de la comtesse d'Antraigues : « St-Pancrass Anne-Antoinette, comtesse d'Antraigues, buried july 27th 1812, aged 52 years. The above extract was made this thirtheat day of july 1816. Withman Follofrild curate, n. 1, Grafton street (East). Tottenham, — Court Road. » En marge de cet acte est écrit : « 22 et 27 juillet 1812, décès et inhumation du comte et de la comtesse d'Antraigues. »

(Edmond de Goncourt. — *La Saint-Huberty*).

Ses nombreux écrits attestent qu'il était plein de talent et même d'érudition ; mais son imagination violente, quelquefois délirante, ne lui permettait jamais de se renfermer dans les bornes que la perspicacité de son esprit et de ses connaissances devaient lui faire découvrir.

Quoique appartenant à la noblesse d'épée, d'Antraigues n'eut jamais les goûts militaires ; on ne le vit jamais parmi les émigrés qui voulaient rentrer en France les armes à la main.

« Le comte d'Antraigues fut, dans toute l'acception de ces mots, un grand seigneur, un publiciste distingué, un bon orateur, un diplomate de premier mérite. Il avait la diction correcte, la parole facile, abondante et limpide comme le diamant; son geste était à la fois gracieux, aisé et énergique, sa tenue parfaite ; il était bel homme et avait le regard plein de feu et d'expression.

« Les agréments de son esprit, de sa figure, lui ouvraient la porte des salons des plus hautes sociétés. Malheureusement il n'y parlait presque jamais que de ses projets. Le succès qu'avait obtenu son *Mémoire sur les États généraux* l'avait enivré et mis en quelque sorte hors de lui-même : à ce point qu'il osa un jour demander à Marie-Antoinette si elle ne l'avait pas lu. La reine lui répondit qu'elle ne s'occupait pas de politique.

« Avant son élection aux États généraux, le comte d'Antraigues empruntait dans ses écrits, comme dans sa conversation, quelques principes de philosophie du xviiie siècle ; mais ces principes n'eurent que très peu d'influence sur sa conduite envers ses taillables. Il se montra jusqu'au bout d'une sévérité extrême dans le maintien de ses droits sur la pêche et la chasse. Il se fit de nombreux et cruels ennemis.

« Cet homme, dont les actions contrastaient si singulièrement avec les principes, était d'une fierté hautaine qui ne serait aujourd'hui que ridicule, mais qui alors le rendit odieux. Aussi, à l'heure du danger, pas un ami ne se présenta pour défendre son château à La Bastide, qui tomba sous la main des *niveleurs* » (1). Il ne resta de l'incendie que deux canons que l'on traîna au château d'Antraigues.

A cette appréciation, dont la fin est si sévère, nous dirons que le comte d'Antraigues ne manquait ni de générosité, ni de nobles sentiments. Son château de La Bastide fut détruit, en effet, par les habitants de Genestelle et de Meyras, en 1792; mais nous croyons que cet acte de violence fut provoqué par la conduite anti-libérale du comte bientôt après son élection aux États généraux.

Le docteur Tourrette dit également que « le père du comte d'Antraigues, Jacques de Launay, était fort dur. Les populations de nos campagnes avaient établi une de ces locutions proverbiales qui sont une flétrissure pour ceux à qui elles s'adressent. — Vous êtes méchant comme Jacques de Launay ! — Voilà l'insulte, la comparaison vengeresse dont on se sert encore aujourd'hui, pour exprimer la dureté de cœur et la méchanceté poussées à leur plus haute puissance. Ainsi dans plusieurs communes de notre Vivarais, partout dans nos campagnes, après trois quarts de siècle, cette expression violente de la haine publique s'est conservée comme une formule sacramentelle contre ceux qui abusent de leur position ou de leur force. » (2)

C'est une erreur, le père du comte d'Antraigues s'appelait Jules-Alexandre et non pas Jacques. La locution vengeresse citée par le docteur Tourrette doit s'appliquer à l'arrière-grand-père du comte, Jacques-Alexandre de Launay, seigneur de Perverange, qui était, paraît-il, très dur et méchant. Il fut assassiné en 1703. (3).

---

(1) Doct. Tourrette. — *Vals et ses environs*. Aubenas, 1864, p. 84.
(2) *Vals et ses environs*, p. 79.
(3) Nous possédons la sentence de mort prononcée « contre Jean Agnez et Jacques G.... frères contumax, convaincus d'avoir tué

En 1815, le fils unique du comte d'Antraigues épousa Mlle Lydia-Sophia-Rosa-Henrica Fitz-Gérald, d'une famille anglaise, dont il se sépara judiciairement le 25 août 1827.

A la Restauration, il se présenta à Louis XVIII qui lui fit bon accueil, mais sans se montrer pour cela fort prodigue des faveurs royales, comme s'il craignait d'avouer les rapports qui avaient existé entre lui et le comte d'Antraigues, son père. Il racontait qu'en 1815, un peu avant son mariage, une dame, toute puissante à la cour, avait voulu lui faire épouser une fille naturelle du comte d'Artois, et il attribuait à son refus le peu de faveur dont il jouissait.

Le 4 août 1818, il écrivit au préfet de l'Ardèche pour se faire remettre les deux canons qui étaient restés de l'incendie du château de La Bastide. Le fait est consigné dans la délibération du conseil municipal d'Antraigues, du 30 août 1818, ainsi conçue : « A l'Assemblée du Conseil municipal de la commune d'Antraigues, présents les membres soussignés présidés par Pierre Chabanne, maire. Vu :

1° la lettre de M. le Préfet du département en date du 6 courant conçue en ces termes :

« *Bureau d'Administration générale et particulière.*

Privas, le 6 août 1818.

Monsieur le Maire,

« Par la lettre du 4 de ce mois, M. le comte d'Antraigues m'a exposé que M. Salomon, percepteur des contributions directes de votre canton, avait chez lui deux petits canons

---

Alexandre de Launay ou avoir assisté au meurtre et homicide de sa personne. Ils furent condamnés à « estre pendus et estranglez, jusques à ce que mort s'en suive à une potence quy sera pour cest effect dressée à la place publique du dit lieu d'Antralgues.........

Ordonnons que nostre présente sentence sera exécutée par effigie en un tableau quy sera attaché à la dite pottance, par l'exécuteur de la haute Justice. »

sur lesquels sont ses armes, et qui lors de l'incendie de La Bastide, furent transportés au château d'Antraigues; que pour en obtenir la remise, M. Salomon ne demande que votre consentement, que vous ne pouvez donner qu'après autorisation spéciale de ma part.

« Ayant reconnu que la réclamation de M. le comte d'Antraigues était fondée, je vous autorise, M. le Maire, à donner des ordres nécessaires à M. Salomon de rendre les deux petits canons dont il s'agit à M. le comte d'Antraigues, sur la nouvelle demande que ce dernier pourra vous en faire.

Signé : d'INDY, préfet.

2° La lettre de M. le comte d'Antraigues, conçue en ces termes :

« Aubenas, le 12 août 1818.

Monsieur le Maire,

« J'ai lieu de croire, d'après une conversation que j'ai eu l'honneur d'avoir avec M. le Préfet les premiers jours de ce mois, qu'il vous a adressé une lettre d'après laquelle vous vous trouveriez autorisé par ce magistrat à donner à M. Salomon, percepteur à Antraigues, la permission qu'il demande pour me faire remettre deux petits canons en bronze qui sont dans votre ville, et qui ayant mes armes forment l'objet de ma réclamation. — Cependant je n'en ai pas du tout entendu parler depuis mon retour de Privas, et comme je tiens extrèmement à ces deux canons, qui sont peut-être les seules choses qui ayent échappé à l'incendie de La Bastide, je m'adresse à vous, M. le Maire, pour savoir si, en effet, vous avez reçu à cet égard les instructions de M. le Préfet, et dans ce cas pour vous prier de me les faire expédier par quelques moyens que ce soit le plus tôt possible, ou pour mieux dire, de vouloir bien faire part à M. Salomon qui les a en sa possession, de la décision favorable de M. le Préfet de l'Ardèche.

« J'ai l'honneur d'être, avec la plus profonde consijération, M. le Maire, votre très humble et très obéissant serviteur.

Signé : Cte d'ANTRAIGUES.

« Le conseil a été unanimement d'avis que les deux canons, réclamés par M. le comte d'Antraigues, lui soient rendus et charge M. le Maire de les lui livrer.

« Ont signé au registre: Combe, Joanny, Riffard, Duchamp, Faure et Cornut. » (1)

. . .

En vertu de la loi du 27 avril 1825, il fut alloué au comte d'Antraigues, à titre d'indemnité, une somme de 205.588 fr. 18 c. pour les biens vendus du chef de son père pendant son émigration et 20.952 fr. 38 pour ceux du chef de sa mère, situés dans la commune de Groslay, arrondissement de Pontoise.

Suivant acte passé le 27 septembre 1825 par Me Guiffrey, notaire à Paris, le comte d'Antraigues, qui était déjà criblé de dettes, céda ces deux entières sommes à M. Bonnardet, négociant à Lyon.

Il paraît que le comte d'Antraigues avait conservé beaucoup de papiers précieux venant de l'héritage de son père. C'est de lui que paraissent être venues les fameuses lettres de Louis-Philippe, qui montrèrent sous un jour si singulier le patriotisme de l'ex-roi et dont la publication par les feuilles légitimistes produisirent une si grande sensation vers

---

(1) Nous devons la copie de cette délibération à l'extrême obligeance de M. l'abbé Chenivesse, le vénérable curé d'Antraigues.

1835. La police du gouvernement de Juillet fit une descente chez lui à Neuilly, mais elle ne trouva rien.

« Il était depuis longtemps tombé dans une misère profonde n'ayant pour toute ressource qu'une petite pension venant de la famille de sa femme, quand Napoléon III, informé de sa situation, lui accorda spontanément une pension sur sa cassette. » (1) Il mourut en 1854 à Dijon, sans postérité.

Avec lui s'éteignit la famille de Launay d'Antraigues, dont la célébrité fut si grande et la fin si triste !

Armes.— De Launay d'Antraigues portait: d'or, au lion couronné de gueules, à la bordure d'argent chargée de douze mouchetures d'hermine de sable, commençant de chaque côté par 1; 2 puis 1; au chef d'azur chargé de 3 fleurs de lis d'or.

Supports: deux lévriers au naturel, la tête contournée, colletés de gueules et d'or.

Portraits. — 1º Le comte d'Antraigues est représenté dans une magnifique planche de Carmontelle en compagnie de Montbarré. Il écoute le ministre, l'épée au côté, assis de travers sur une chaise, un bras pendant sur le dossier, et son fin profil, et son œil vif et l'ampleur de son habit et de sa veste, et la nonchalante élégance de sa pose en donnent un portrait qui est celui d'un joli homme de cour.

2º Petit buste de profil, tourné à droite; tiré des *Mémoires historiques et politiques du règne de Louis XVI*, par l'abbé Soulavie, et que nous avons complété tel qu'il figure en tête de cette notice.

3º Agrandissement de ce portrait fait par Maurice Vaschalde, et que nous avons offert à la mairie d'Antraigues, avec ceux des conventionnels Gamon et Gleizal.

---

(1) Jules de Brison (*Echo de l'Ardèche*).

Ex-libris. — Nous comptions pouvoir en donner une reproduction, et nous avions écrit à M. Doize, maire d'Antraigues, pour le prier de nous communiquer celui qu'il possède : notre lettre est restée sans réponse . . . . .

Bibliographie. — En 1882, nous avons publié, sur le comte d'Antraigues, une notice qui fut couronnée par la *Société des sciences historiques de l'Ardèche*. Elle contient la description de plus de quarante ouvrages du comte : Quérard n'en indique que 18, Barbier 7, Brunet, le fameux *Manuel Brunet*, pas un seul.

Nous avons donné aussi la copie textuelle de huit documents justificatifs, inédits, entre autres le testament du célèbre député écrivain.

L'ABBÉ DODE

Curé de St-Péray

DÉPUTÉ DU CLERGÉ

Jacques-Antoine DODE naquit à Étoile (Drôme) le 16 février 1716, ainsi qu'il résulte de son acte de baptême, que nous donnons textuellement : « Le 16 février 1716 a été baptisé Jacques Antoine Dode, fils légitime de Sr Jacques Dode, marchand, du lieu d'Étoile et de demoiselle Marie Henriette Cartelier, né le même jour. Il a eu pour parrain Sr Antoine Fontbonne-Béranger, bourgeois, et pour marraine dame Florence Robin, épouse de M. Charles François Fornet de Fontenille, conseiller du roy et professeur à l'Université de Valence. Signé : GONDIAN, vicaire. » (1)

Après de solides et brillantes études, faites à Valence, il fut simultanément curé de Saint-Péray, nommé le 12 août 1746 official et grand vicaire du diocèse. Les écrits qu'il a laissés nous révèlent une haute intelligence, un talent remarquable d'organisation et une vertu solide.

Il avait 73 ans lorsqu'il fut élu député aux États généraux par le clergé de la sénéchaussée d'Annonay, en 1789. Ce choix, dans de semblables circonstances, dénote le mérite de ce vétéran du sanctuaire, et la confiance que ses confrères avaient en lui. Il a laissé dans la paroisse qu'il a administrée pendant près d'un demi-siècle, les souvenirs encore vivaces d'un prêtre plein de zèle, de piété et de talent, et surtout d'une sagesse et d'une prudence consommées.

Sa conduite politique ne démentit jamais son sacerdoce,

---

(1) *Bulletin d'hist. et d'arch. relig. du diocèse de Valence*, tome II, p. 277.

et dès qu'il vit que l'Assemblée dont il faisait partie s'engageait dans des voies violentes, il se démit aussitôt de son mandat. Ce fut à la suite des évènements des 5 et 6 octobre. Il fut l'un des derniers à consentir à la réunion de son ordre au tiers état: ce ne fut que le 1er juillet que ses pouvoirs furent vérifiés.

Nous lisons dans le procès-verbal de la séance du 25 septembre : « M. l'abbé Dode, curé de Saint-Péray, député de la sénéchaussée d'Annonay, promet de payer le quart de son revenu comme contribution patriotique. »

L'abbé Dode fut remplacé à l'Assemblée par Saint-Martin, député suppléant du tiers état, qui entra en séance le 4 décembre 1789.

De retour à Saint-Péray, les esprits étant en ce moment surrexcités, la prudence lui fit un devoir de se retirer à Étoile. Il partit le 1er janvier 1791, à minuit, à la suite de la tentative d'escalade de la cure pour s'emparer dudit M. Dode « aristocrate » et l'immoler sur l'autel de la patrie. (1)

Il mourut le 9 février 1802.

Voici son acte de décès : « Du 10 février 1802, par nous curé soussigné a été inhumé le corps de Monsieur Jacques Antoine Dode, curé de la paroisse de Saint-Péray et official du diocèse, décédé le jour précédent, âgé de 87 ans, onze mois, vingt-cinq jours (il y a erreur de deux ans dans cette supputation) ; ont été présents : Messieurs Pierre-Antoine-Marcellin Roux, ancien curé de Chabeuil, et Pierre Gaillard, curé de la paroisse de Coussieux, diocèse de Lyon.

Signés : ROUX, GAILLARD, CHAIX, curé d'Étoile. » (2)

---

(1) L'abbé Blanchard.— *Crussol. Saint-Péray*, in-8°, 1888, p. 26.
(2) *Bulletin d'hist. et d'arch. relig. du diocèse de Valence*, t. II, p. 277.

M. DE BOISSY D'ANGLAS
Né à S.t Jean-Chambre le 8 x.bre 1757
Député d'Annonay
à l'Assemblée Nationale de 1789

BOISSY D'ANGLAS

DÉPUTÉ DU TIERS ÉTAT

François-Antoine BOISSY D'ANGLAS, fils de Boissy, médecin, et de Marie-Anne Rignol, d'Annonay, naquit le 8 décembre 1756, à Saint-Jean-Chambre, près de Chalancon (Ardèche).

Il se fit recevoir avocat au parlement de Paris, et acheta une charge de maître-d'hôtel de *Monsieur*, dont il se démit en 1791.

Le 24 mars 1789, par 163 voix, sur 242 votants, la sénéchaussée d'Annonay l'envoya siéger aux États généraux. On sait le rôle actif qu'il joua dans toutes les assemblées préparatoires pour l'élection des députés, notamment dans celle des trois ordres tenue à Privas en décembre 1788, dont il était secrétaire.

Il fut choisi, avec l'abbé de Pampelonne et le marquis de Satillieu, pour aller porter au roi l'arrêté de cette assemblée mémorable.

Élu à la Convention, où il siégea parmi les membres de la *Plaine* et vota pour la détention du roi, Boissy d'Anglas s'effaça complètement sous la Terreur, et ce ne fut que la veille du 9 thermidor qu'il consentit à se joindre aux ennemis de Robespierre.

Le 7 octobre 1794, il fut élu secrétaire de l'Assemblée, et à la fin de l'année, membre du Comité de salut public.

Il présidait l'Assemblée le 1ᵉʳ prairial an III (20 mai 1795), lors de l'insurrection des faubourgs, et l'on sait le sang-froid et le courage qu'il déploya dans cette terrible journée. Le terrorisme jacobin, vaincu dans le mois de thermidor, mais encore redoutable par son audace, voulait tenter un effort suprême pour ressaisir le pouvoir ; une foule de factieux, lancés contre la Convention, envahissait le sanctuaire de la représentation nationale, proférait des menaces de mort contre les députés, et demandait le retour à la constitution de 93. Les deux présidents Vernier et Dumont, qui s'étaient succédés au fauteuil, menacent de faire évacuer les tribunes: leur voix est impuissante; la multitude répond par des rires et des menaces ; la séance est suspendue, et l'insurrection est sur le point de triompher.

Boissy d'Anglas vient s'asseoir au fauteuil de la présidence. Au milieu d'une lutte incessante et d'une scène affreuse, qui devait bientôt devenir sanglante, il reste inébranlable dans ce poste périlleux ; son impassibilité héroïque ne se dément pas un seul instant. Il s'efforce d'en imposer, par sa fermeté, à cette populace égarée par des meneurs qui restent dans l'ombre; vingt fusils sont braqués sur Boissy d'Anglas et menacent sa poitrine ; rien ne peut faire faiblir son indomptable courage. Le généreux et bouillant Féraud voit le danger qui menace son président, il s'élance à la tribune pour le couvrir de son corps ; une lutte s'engage entre lui et les rebelles ; un coup de feu part; Féraud, victime de son dévouement, tombe sur les degrés ensanglantés de la tribune, la multitude s'empare de son cadavre qu'elle insulte; la tête de cet infortuné est mise au bout d'une pique, et la foule présente ce funeste trophée au président de la Convention. Boissy d'Anglas se découvre : il salue majestueusement la tête sanglante de son héroïque défenseur ; il reste dans l'attitude du calme et de la fierté, sans paraître s'apercevoir des dangers qui l'entourent.

C'est en vain que les factieux renouvellent autour de lui leurs cris et leurs menaces de mort ; c'est en vain qu'ils le somment de mettre aux voix leurs propositions; impassible sur son fauteuil, le président refuse de faire délibérer l'Assemblée.

Enhardis par cette attitude énergique, les députés restent fermes à leur poste, et bientôt la force armée, conduite par les représentants, peut entrer dans la salle et en chasser les envahisseurs.

Grâce au courageux dévouement de Boissy d'Anglas, grâce à son sang-froid magnanime et à son impassibilité héroïque, la Convention fut sauvée, et la journée du 1er prairial, qui pouvait être le prélude du retour aux excès révolutionnaires, assura le triomphe des modérés, aboutit au rétablissement de l'ordre, et notre malheureuse Patrie ne craignit plus de voir sa grandeur et sa prospérité s'abîmer dans les convulsions du désordre et de l'anarchie.

Cette belle page de la vie de Boissy d'Anglas a été traduite et immortalisée par la gravure, la peinture et la sculpture.

Devenu membre du Conseil des Cinq-Cents, il fit, le 10 décembre, une motion en faveur de la liberté de la presse, et en diverses circonstances, attaqua vivement la corruption du Directoire. On se rappelle que soixante-douze départements se disputèrent l'honneur d'être représentés par Boissy d'Anglas au Conseil des Cinq-Cents.

En avril 1797, il fut élu par la ville de Paris à cette Assemblée, et ses tendances royalistes le firent comprendre au nombre des députés condamnés à la déportation, lors du coup d'Etat du 18 fructidor. Il parvint à s'échapper et à se réfugier en Angleterre, d'où il fut rappelé le 18 brumaire.

En mars 1801, il devint membre du Tribunat, fut nommé sénateur et commandeur de la Légion d'honneur, le 17 février 1805, puis comte de l'empire.

En 1814, il adhéra à la déchéance de Napoléon, fut créé pair par Louis XVIII et accepta, pendant les Cent-Jours, la mission d'organiser les départements du Midi, ce qui, au retour des Bourbons, le fit exclure de la Chambre des Pairs (24 juillet 1815). Il y fut réintégré le 17 août suivant, et y devint l'un des plus fermes défenseurs des opinions libérales.

Boissy d'Anglas fut nommé en 1816, membre de l'Académie des Inscriptions et Belles-Lettres, et chancelier de l'Académie royale de Nîmes.

Il mourut à Paris, le 20 octobre 1826, (1) laissant quatre enfants, deux fils et deux filles ; les deux fils sont :

François-Antoine, pair de France, mort sans postérité,

Théophile, baron Boissy d'Anglas, intendant militaire, député au Corps Législatif, mort le 7 mai 1864. Ce fut lui qui, remplissant le vœu suprême de son illustre père, ramena ses restes mortels au pays natal. Il a laissé deux fils : le comte Boissy d'Anglas, qui échoua aux élections législatives du 14 octobre 1877, avec 8168 voix contre 9773 données à M. Seignobos, l'un des 363, et François-Antoine, baron Boissy d'Anglas, né le 19 février 1846. Il a été conseiller de préfecture. Député pour la première fois le 14 octobre 1877, il fut nommé ministre plénipotentiaire au Mexique, en 1883. Aux élections complémentaires du 14 février 1886, il obtint 47.315 voix. Le petit-fils du célèbre conventionnel est membre du Conseil général de l'Ardèche et chevalier de la Légion d'honneur.

.·.

L'auteur des *Mémoires d'un pair de France* a tracé dans cet ouvrage un fidèle portrait de Boissy d'Anglas, en ces termes : « Boissy d'Anglas, ce héros de nos discordes civiles, avait, dans les dernières années de sa vie, une taille élevée, une noble et gracieuse figure que jamais le remords n'avait fait contracter péniblement, une chevelure argentée et bouclée naturellement, flottante à demi sur ses larges épaules ; son

---

(1) L. de La Roque — *Armorial du Languedoc.*

sourire était céleste, et il avait dans ses yeux une sérénité, une douceur inexprimables ; jamais des paroles de haine et d'aigreur ne sortirent de sa bouche ; il était comme un patriote ou un sage de la Grèce ; il nous retraçait la peinture animée des mœurs antiques ; son indignation contre les vices et les crimes de son temps n'était pas encore sans mansuétude : il plaignait ceux que son devoir le contraignait à poursuivre, et aurait voulu les ramener à la vertu, plutôt que de les pousser au désespoir. »

En 1862, une belle statue en bronze, œuvre remarquable de Pierre Hébert, a été élevée à Boissy d'Anglas, sur la place du Champ, à Annonay.

Il est représenté présidant la Convention le 1er prairial an III. Le piédestal est orné d'un bas-relief reproduisant la séance de cette mémorable journée.

Boissy d'Anglas a publié un grand nombre de brochures politiques. En sa qualité de procureur-général syndic du département de l'Ardèche, il a rédigé la *Conspiration de Saillans*, 1792, in-8°.

Outre ces brochures, nous avons de lui: *Dissertation sur le Temple de Diane à Desaignes; Essais sur la vie de M. de Malesherbes;* et *Les Etudes littéraires et poétiques d'un vieillard.* 6 volumes in-12.

Le premier des poèmes est intitulé *Bougival.* C'est le nom d'une campagne charmante que Boissy d'Anglas s'était plu à embellir. On aurait cru que ce sujet ne pourrait prêter qu'à quelques vers descriptifs. Mais l'auteur a su y rattacher des tableaux touchants, de nobles souvenirs. C'est ainsi qu'en parlant des bustes qu'il a placés dans ses jardins, et de ceux qu'il se propose d'y élever encore, il s'écrie :

> Et toi, mon cher Rabaut, mon digne ami, mon maître,
> Tu renaîtras aussi dans ce séjour champêtre:
> J'y place ton image; et le triste cyprès
> Ombragera la pierre où revivront tes traits.

> Hélas ! quand tu tombas sous la hache homicide,
> Je restai sans modele, et je marchai sans guide.
> Mais du moins, ô Rabaut, je n'ai point dégradé
> Le nom sacré d'ami par ton cœur accordé.
> Moins éloquent que toi, j'ai pourtant su défendre
> Ces principes sacrés que ta voix fit entendre;
> Et dans nos jours affreux de crimes, de malheurs,
> J'ai brisé quelques fers, j'ai séché quelques pleurs,
> Et bravant des partis les poignards sanguinaires,
> Repoussé quelquefois les fureurs populaires.

Le style est pur, parce que la pensée est nette et le sentiment vrai. On trouvera peut-être étrange que Boissy d'Anglas rappelle lui-même son trait de sang-froid et de courage qui l'a immortalisé, mais on reconnaitra aussi qu'il le fait avec beaucoup de modestie et de réserve.

Armes. — De sable au chevron d'or abaissé, au chef d'argent chargé à senestre de deux étoiles d'azur, franc quartier de comte-sénateur.

Plastique. — Bas-relief de Régis Breysse (le berger du Béage) représentant Boissy d'Anglas présidant la Convention, le 1er prairial an III. A la salle du Conseil de Préfecture, à Privas.

Statue en bronze, par Pierre Hébert, élevée à Annonay en 1862. C'est une œuvre digne de l'auteur de la belle statue d'*Olivier de Serres*, à Villeneuve-de-Berg.

Réduction en plâtre de cette statue. — Il n'en a été moulé que quelques exemplaires, dont un est à la préfecture de l'Ardèche.

Médaillon en bronze, par David d'Angers, 18 centimètres de diamètre.

Iconographie. — Tableau de Vinchon, à l'hôtel-de-ville d'Annonay, représentant la *Convention dans la journée du*

1ᵉʳ prairial an III, présidée par Boissy d'Anglas. Ce magnifique tableau, qui ne mesure pas moins de 20 mètres de surface, a été reproduit par la gravure.

Duplessis-Bertaux a également gravé le même sujet.

Beau tableau de *Boissy d'Anglas*, par Delacroix, au musée de Bordeaux. Sur la demande du Ministre, le Conseil municipal de cette ville a autorisé l'envoi de cette toile remarquable à l'Exposition Universelle de 1889 (section rétrospective de peinture).

Boissy d'Anglas se découvrant devant la tête du député Féraud, gravure dans le tome premier de l'*Histoire de France*, de 1789 à 1830, racontée à mes petits enfants, par Guizot.

Statue de Boissy d'Anglas, à Annonay, gravure publiée par la *Revue du Dauphiné et du Vivarais*.

Même statue, publiée par le *Monde Illustré* et beaucoup d'autres journaux.

Voici la description des **portraits** de Boissy d'Anglas :

1. LABADYE del., VOYEZ jᵒʳ sculp., in-8°. Collection DEJABIN. Ce portrait, le premier qui ait été fait du célèbre conventionnel, est devenu rare ; aussi l'avons-nous placé en tête de sa biographie.
2. Jul. BOILLY, 1820, lith., in-folio.
3. H. GARNIER, lith., in-4°.
4. A Paris, chez LEVACHEZ, in-4°.
5. Lith. de VILLAIN, in-4°.
6. F. BONNEVILLE del. et sculpsit, in-8°.
7. Dans un carré in-8° à gauche. BOISSY D'ANGLAS.
8. Lith. de DELPECH, in-folio.
9. La même, in-8°.
10. A Paris, chez KIEFFER, lith., in-8°.
11. LABADYE del., in-8°, dessin à la Biblioth. Nationale.

12. Bréa pinx., H. Lips sculp. in-8° ovale.
13. Lith. in-8°, dirigé à gauche, au bas, 4 lig.
14. Suite de Tardieu, ovale in-8°, dir. à droite.
15. Vivien, sculp., in-8°.
16. Z^in Belliard, lithogr., in-folio.
17. Dess. par Quenedey, profil à droite, in-8°. E. 44.
18. A. Lacucine, lith., in-4°, en pied.
19. Costume, numéro 41, in-8°, en pied.
20. Houdon, pet. portrait, gr. au trait.
21. Petit portrait, vu de profil, en habit de pair de France, gravure d'après un dessin du comte de Noé, collègue de Boissy d'Anglas à la chambre des Pairs (père du caricaturiste Cham). Ce portrait est rare.
22. Braquemond, sculp., d'après Delacroix.

Bibliographie. — 1° *Dissertation sur un ancien édifice situé à Desaignes, en Vivarais, au diocèse de Valence, et nommé vulgairement le Temple de Diane.* Adressée à M. de L.*** par M. D. B. D. (A. Boissy d'Anglas). — A Paris, 1788, in-12, 25 pages.

2° *A mes concitoyens.* — Paris, 1790, in-8°, 32 pages.

3° Observations sur l'ouvrage de M. de Calonne intitulé : *De l'État de la France.* — Paris, 1791, in-8°

4° *Discours* prononcé à l'ouverture des séances de l'Assemblée administrative du département de l'Ardèche, le 16 novembre 1791. — Privas, in-4°, 60 pages.

5° *Conspiration de Saillans,* avec les pièces authentiques, rédigée et imprimée par ordre du département de l'Ardèche. — Privas, 1792, in-8°, 124 pages.

6° *Lettre écrite au citoyen Dumonts,* vice-président du département de l'Ardèche, le 28 juin 1793. — A Annonay, de l'imprimerie de F. Agard, in-8°, 20 pag.

7° *Courtes observations sur le projet de décret, présenté au nom du comité de l'Instruction publique, sur le dernier degré d'instruction.* — Paris, an II, in-8°, 15 pages.

8° *Quelques idées sur les arts, sur la nécessité de les encourager, sur les institutions qui peuvent en assurer le perfectionnement, adressées à la Convention Nationale.* — Paris, Impr. Nationale, an II, in-8°, 47 pages.

9° *Projet de Constitution pour la République Française.* — Paris, imprimerie de la République, an III, in-8°, 154 pages.

Il y a une édition imprimée à Privas.

10° *De notre situation présente et future*, 1793, in-8°, 12 pages.

11° *Discours* sur les principes du gouvernement actuel. — An III de la République, in-8°, 23 pages.

12° *Discours* sur la nécessité de réviser les jugements rendus par les tribunaux révolutionnaires. — Paris, an II, in-8°.

13° *Discours* sur la liberté des cultes. — Paris, an II, in-8°.

14° *Discours* contre les terroristes et les royalistes, prononcé à la Convention Nationale. — Paris, an III, in-8°.

15° *Discours* prononcé dans la séance de la Convention Nationale, du 1er thermidor. — an III, au Puy, in-12, 16 pages.

16° *Rapport* fait au nom des comités de salut public et de commerce, sur la commission de commerce et approvisionnement de la République. — Paris, in-8°, 10 pag.

17° *Discours* sur la situation intérieure et extérieure de la République, prononcé dans la séance de la Convention Nationale, du 6 fructidor, l'an III. — A Paris, in-8°, 22 pag.

Il y a une édition imprimée à Privas, et une autre au Puy, chez Lacombe.

18° *Essai sur les fêtes nationales.* — Paris, an III, in-8°.

19° *Essai sur la vie, les écrits et les opinions de Malesherbes.* — Paris, 1819, 2 vol. in-8°.

20° *Massillon* (notice sur) s. l. n. d. in-8°.

21° *Discours* sur la liberté individuelle et sur la liberté de la presse. — Paris, 1820, in-8°.

22° *Les Etudes littéraires et poétiques d'un vieillard.* — Paris, 1825, 6 vol. in-12°.

On doit encore à Boissy d'Anglas deux poëmes: *l'Ancienne Chevalerie* et le *Ruisseau d'Annonay*, et une comédie héroïque intitulée: *La vie est un songe.*

Le Ruisseau d'Annonay fut lu à la séance de l'Académie de Nimes, le 10 mai 1787 (voir le journal du Languedoc, t. II, pag. 258).

Rapport sur la liberté des Cultes. — Clermont, an III, in-8°, 20 pag.

DU FAURE

Marquis DE SATILLIEU

DÉPUTÉ DE LA NOBLESSE

La terre de Satillieu fut érigée en marquisat par lettres patentes de novembre 1693, en faveur de Just-Louis du Faure qui l'avait acquise du duc de Ventadour, le 16 octobre 1690, devant Trollas, notaire à Tournon, au prix de 105.000 fr. (1)

Just-Louis du Faure, connu sous le nom de sr de St-Sylvestre, né le 9 janvier 1627, s'engagea comme simple soldat ; entra comme capitaine au régiment de Languedoc en 1655, et après 40 ans de services signalés, quitta le service à la fin de 1695, âgé de 68 ans, couvert de blessures. Il était lieutenant général depuis le 30 mars 1693, et commandeur de l'ordre de St Louis depuis le 7 juin 1694, jouissant d'une pension de 4000 fr. depuis le 28 novembre 1690. Il mourut à Valence le 6 février 1719, étant le doyen des officiers généraux de France.

Just-Louis du Faure s'était marié deux fois. N'ayant point eu d'enfants de ses deux mariages, il fit son testament, le 18 février 1691, en faveur de son neveu Alexis du Faure, lui laissant la terre de Satillieu, qu'il avait acquise l'année auparavant.

Par lettres patentes du 30 mai 1697, le roi exonéra Alexis du Faure des droits de mutation, et confirma en sa faveur l'érection de cette terre en marquisat.

Alexis du Faure naquit à St-Sylvestre le 20 novembre

---

(1) H. Deydier.— *Notes généalogiques.*

1654, et mourut en 1713, après avoir servi dans la maison du roi et ensuite comme capitaine au régiment de Villequier, à la tête d'une compagnie franche de fusiliers de la province de Languedoc. (1)

Il avait épousé, le 24 mai 1681, Jeanne-Béatrix d'Estaul dont il eut un fils unique : (2) Louis-Claude-Joseph, marquis de Satillieu, né à Tournon le 6 juin 1682. Il fut page du roi en 1697, ensuite mousquetaire noir, commandeur de St Louis et lieutenant général.

Il mourut le 21 avril 1746.

D'après La Roque, il avait épousé Anne-Charlotte de Barret dont il eut onze enfants, entre autres : Alexis II, connu d'abord sous le nom de marquis de St Sylvestre, né à Satillieu le 31 octobre 1705. Il épousa, le 20 juin 1748, Marie-Marguerite-Suzanne de la Rivoire, dont il eut sept enfants, trois garçons et quatre filles. François-Charles-Antoine, comte de Satillieu, notre député aux États généraux, était le cadet (3). Il devint marquis par la mort de son frère aîné, Antoine-Marie-Alexis, capitaine de cavalerie, au régiment royal de Navarre, tué à Rome le 29 juillet 1787, sans avoir contracté d'alliance.

.·.

François-Charles-Antoine du FAURE, marquis de SATILLIEU, naquit le 1er octobre 1752. Il fut élève de l'école royale du génie de Mézières ; lieutenant d'infanterie, ingénieur ordinaire du roi en 1771, lieutenant au 1er corps du génie le 31 décembre 1776, et capitaine le 8 avril 1779.

Il avait 37 ans, lorsque la noblesse du Haut-Vivarais le nomma député aux États généraux. Nous avons déjà parlé de son zèle et de son patriotisme dans les assemblées d'Anno-

---

(1) H. Deydier. — *Notes généalogiques.*
(2) La Roque. 1862.
(3) H. Deydier. — *Notes généalogiques.*

nay et de Privas; nommé commissaire de la sénéchaussée d'Annonay, il fut pour ainsi dire l'âme de ces assemblées et l'inspirateur de leurs délibérations. On n'a pas oublié que l'assemblée tenue à Privas, le 18 décembre 1789, lui décerna, par acclamation, une couronne, qu'il refusa.

Le marquis de Satillieu fut choisi, avec l'abbé de Pampelonne et Boissy d'Anglas, pour aller porter au roi les réclamations énoncées dans l'arrêté de l'assemblée générale tenue à Privas.

Le 21 juillet 1789, il fit élargir son mandat après avoir provoqué à cette fin, une réunion de l'ordre de la noblesse de la sénéchaussée d'Annonay.

L'abbé Léorat Picansel dit que le marquis de Satillieu varia dans sa conduite; d'après l'abbé Filhol il tint parfois une conduite un peu équivoque.

A ces appréciations, nous opposerons le témoignage de Boissy d'Anglas. Voici ce qu'il dit dans une longue lettre datée de Paris le 12 décembre 1789, adressée à la municipalité d'Annonay, avec prière d'en adresser copie à celle de Tournon :

« J'ai la douleur d'apprendre que le Mis de Satillieu est
« inculpé de la manière la plus injuste. On écrit du Vivarais
« que mille bruits fâcheux se répandent sur son compte,
« qu'il a trahi la cause publique, qu'il est vendu aux ennemis
« de la liberté, enfin on pousse l'absurdité jusqu'à dire qu'il
« est maintenant hors du Royaume. Je dois rendre justice
« à M. de Satillieu, il est peu d'hommes dans l'assemblée
« dont les principes soient meilleurs et qui désirent, avec
« plus de force que lui, la consolidation de la révolution
« actuelle. Non seulement on n'a aucun reproche à lui faire,
« mais encore il mérite l'estime du peuple dont il a toujours
« soutenu les intérêts. Je m'empresse de lui rendre ce
« témoignage, que rien au monde ne m'arracherait s'il n'était
« pas fondé. »

De son côté, Saint-Martin, dans une lettre adressée le 8 avril 1790 à M. Léorat Picansel s'exprime ainsi :

« Je voudrais que mon suffrage pût être de quelque utilité
« à M. de Satillieu ; ce n'est point la complaisance qui me
« l'a dicté : je vous assure que pendant que nous avons
« assisté ensemble aux séances de l'Assemblée nationale, je
« l'ai constamment vu voter pour la bonne cause, et d'après
« cela et les conversations particulières que j'ai eues avec lui
« je ne pouvais douter de sa popularité. Les torts qu'il peut
« avoir eus dans les commencements ne doivent être imputés
« qu'aux circonstances. »

Rentré dans son château de Satillieu après le renversement de la Constitution, le marquis s'occupa de recherches historiques importantes, dont il paraît avoir principalement puisé les éléments dans les archives de la maison de Tournon (1). L'*Annuaire de l'Ardèche* de l'an X contient une « *Notice des hommes célèbres* sous un rapport quelconque, nés en Vivarais, par le citoyen **Dufaure Satillieu**, président du Conseil général de l'Ardèche et bibliothécaire de l'École centrale. »

Le marquis de Satillieu mourut le 4 mai 1814, sans laisser d'enfants de son mariage avec Catherine-Sophie de Chapponay, à laquelle il laissa ses biens, passés depuis à la maison de Montagnard, qui a transformé le château de Satillieu en cure, maison d'école et justice de paix. (2)

Par la mort de François-Vital du Faure, le frère cadet de notre député, la famille de Satillieu se trouva éteinte dans les mâles.

Armes : D'azur à un bâton d'argent mis en bande et enfilé dans trois couronnes d'or.

---

(1) Note de M. Nicod d'Annonay.
(2) Le vicomte de Montravel.— *Recherches généalogiques*.

Les Frères MONNERON

députés du tiers état

La famille Monneron était originaire de Tain et ne vint à Annonay que vers le milieu du xviiie siècle (1).

Le 15 février 1788, on célébra à Annonay la 56e année du mariage de M. Monneron, receveur des gabelles, avec Mlle Arnaud, son épouse. Plusieurs compagnies d'hommes appartenant à diverses corporations, de jeunes gens, d'enfants en uniforme, un grand nombre de musiciens et tous les citoyens distingués de la ville accompagnèrent les époux à l'église de Notre-Dame, où les dames en grande toilette les avaient précédés. Le mariage d'une pauvre et honnête fille d'Annonay, dont les fils Monneron avaient assuré la dot, fut béni le même jour. D'abondantes distributions de pain, d'argent, de denrées furent faites aux pauvres de la localité par la famille Monneron et par différents corps, et répétées pendant plusieurs jours.

De vingt enfants, fruits de cet heureux mariage, il ne restait alors que dix garçons, dont plusieurs avaient servi ou servaient encore utilement l'Etat dans divers emplois de confiance, et deux filles mariées. (2)

L'ainé, **Charles-Claude-Ange MONNERON**, né à Antibes en avril 1735, mort en 1804, acquit une grande fortune dans les Indes, en remplissant les fonctions d'intendant de la Compagnie; il accrut encore ses richesses après son retour en France, en se livrant à d'heureuses spéculations industrielles.

---

(1) Note de M. Nicod.
(2) Dubois — *Éphémérides Vivaroises*.

Le 24 mars 1789, par 164 voix sur 242 votants, le tiers état de la sénéchaussée d'Annonay l'envoya siéger aux Etats généraux. Assez souvent il prit part aux discussions parlementaires. Il fit partie de la députation de 60 députés qui porta l'acte constitutionnel à Louis XVI.

En 1794, Monneron fut nommé membre d'une commission de commerce qui était chargée de surveiller l'approvisionnement de la République et reçut, par la suite, la mission d'opérer l'échange des prisonniers faits par les Anglais dans les Indes. (1)

. .

Jean-Louis MONNERON, né en septembre 1742, à Annonay, mort en 1805, habita également les Indes Orientales où il fut élu député à l'Assemblée nationale, en 1789. Membre du comité colonial, il prit très souvent la parole dans les discussions relatives aux colonies. Il publia un *Mémoire* sur l'intérêt de la France à maintenir ses établissements dans l'Inde, et se montra hostile au projet de loi qui donnait aux colons l'initiative des lois applicables dans les colonies et n'admettait pas l'émancipation civile des hommes de couleur ; il présenta l'opinion des colonies orientales comme contraire à ce sujet.

A la séance de l'Assemblée du 11 novembre 1790, il fut donné lecture d'une adresse des habitants des îles de France, portant des réclamations contre le mémoire de M. Louis Monneron, sur le rétablissement de Pondichéry, en ce qui concernait les îles de France et de Bourbon.

Par cette adresse, ils demandaient, dans le cas où l'Assemblée se porterait à un parti définitif sur cet objet, avant l'arrivée des députés de ces deux îles, la liberté de nommer quatre d'entre eux, qui auraient eu voix consultative au comité colonial, et qui auraient été admis à la barre lors de

---

(1) Larousse — *Dictionnaire*.

la discussion, à l'effet de combattre toutes les allégations qui auraient pu être faites au préjudice de ces iles. Cette adresse fut envoyée au comité chargé des affaires de l'Inde. (1)

Le 20 janvier 1791, Louis Monneron prit la parole et prononça le discours suivant :

« Je suis chargé par la colonie de Pondichéry de vous présenter un arrêté de sa séance du 22 juillet dernier, par lequel elle déclare qu'elle n'est entrée pour rien dans les causes et dans le développement des désordres de la colonie de Chandernagor, dans le Bengale, et que son attention continuelle, depuis le nouvel ordre de choses, a été de ne pas s'écarter des principes d'union, de tranquillité et de fidélité à la nation, à la loi et au roi. Je demande, Messieurs, qu'il soit fait une mention honorable de cette déclaration dans le procès-verbal.

« C'est avec la plus vive douleur que j'ai appris que la colonie de Chandernagor s'était portée à des excès, tels que la cassation du conseil, la création d'un nouveau, la destitution du commandant par le roi, celle des principaux employés, la saisie de la maison de justice, des effets et des papiers des magasins du roi et des archives du greffe. Je ne suis pas monté à cette tribune pour vous en atténuer les excès ; je crois seulement devoir prévenir l'Assemblée, que par des lettres particulières que j'ai reçues de quelques habitants de cette colonie, je devais être chargé de solliciter le redressement de leurs griefs : d'où j'infère que le repentir aura suivi ces désordres, et que les premières lettres annonceront le rétablissement de la tranquillité publique. » (2)

En 1798, Louis Monneron fut arrêté comme banqueroutier, mais relâché peu après. Il mourut en 1805. (3)

---

(1) *Moniteur*
(2) *Moniteur*.
(3) Larousse — *Dictionnaire*.

Pierre-Antoine MONNERON, né en janvier 1747, à Annonay, mort à Paris en 1801, suivit ses frères dans les Indes orientales, où il demeura longtemps. La colonie de l'Ile-de-France l'envoya siéger comme député à l'Assemblée nationale, en 1789.

Le rôle de ce Monneron fut assez effacé, il prit rarement part aux discussions relatives aux colonies, contrairement à son frère Louis, qui fut un des députés les plus zélés du comité colonial.

Un quatrième, **Auguste MONNERON**, s'occupa activement des spéculations commerciales et industrielles, auxquelles se livraient ses frères aînés ; devint député de Paris à l'Assemblée législative, en 1791 ; (1) demanda la prompte organisation des écoles primaires, et la punition individuelle des prêtres qui refusaient de se soumettre aux lois et propageaient la rébellion dans l'État ; vota, au commencement de l'année suivante, contre les projets de loi tendant à réprimer l'accaparement des denrées coloniales ; donna peu après sa démission et fut remplacé par Kersaint. Devenu, sous le Directoire, directeur général de la Caisse des comptes courants, Monneron disparut tout à coup en 1798, laissant un grand nombre de ses billets en circulation. Il fut poursuivi comme banqueroutier frauduleux, devant le tribunal criminel de la Seine et acquitté, dit-on, grâce à l'intervention de Barras, son ami. (2) Son frère Jean-Louis fut arrêté parce qu'on le soupçonnait de complicité.

Un cinquième, capitaine du génie, avait été choisi pour accompagner le célèbre navigateur de La Pérouse dans plusieurs de ses voyages, entre autres à celui de la baie d'Hudson.

---

(1) *Moniteur.* — Il fut élu le 24ᵉ et dernier député.
(2) Larousse — *Dictionnaire.*

A l'Assemblée générale des trois ordres du Vivarais, tenue à Privas, les 17, 18 et 19 octobre 1788, nous voyons figurer : l'abbé Monneron, chanoine à Annonay, et un autre abbé Monneron, chanoine à Tournon.

Enfin, sur la liste des cinq cent cinquante plus forts imposés du département de l'Ardèche, figure François-Gaspard Monneron.

En 1791, les frères Monneron obtinrent de l'Assemblée nationale l'autorisation de frapper une monnaie de cuivre, dont les pièces valaient 10 centimes ou 25 centimes, et qui portaient en exergue : **MONNERON frères, négociants à Paris**. (1) En 1796, ils établirent des bureaux dans les principales villes de France, où l'on pouvait échanger les assignats contre leurs médailles de confiance, ce qui donna beaucoup de facilité pour la circulation. Ils en firent frapper, dit-on, pour plusieurs millions ; mais ces médailles avaient une valeur réelle et intrinsèque. On ne voulut jamais les leur vendre en Angleterre contre des assignats ; on exigea de l'argent comptant, ce qui leur fit éprouver beaucoup de pertes sur les assignats qu'ils avaient reçus pour payer. Ces premières pertes en occasionnèrent d'autres : on jeta dans le public une grande quantité de pièces fausses recouvertes seulement d'une feuille de cuivre.

L'Assemblée législative n'ayant jamais voulu donner sa sanction à cette monnaie, elle fut par là réduite à peu de valeur ; ce qui mit insensiblement dans de grands embarras la famille Monneron, qui avait brillé pendant quelques années à Annonay. (2)

Médailles. — *Monneron de 5 sols* — VIVRE LIBRE OU MOURIR. La France à dr. tenant les tablettes sur lesquelles on lit,

---

(1) Nous en avons plusieurs dans notre collection.
(2) Poncer — *Mémoires historiques sur Annonay*, t. I, p. 313.

CONSTITUTION DES FRANCAIS ; devant elle, les soldats prêtant le serment. En haut, PACTE FÉDÉRATIF. Au bas, 14 JUILLET 1790.— R. : MONNERON FRÈRES NÉGOCIANTS A PARIS 1792. Dans le champ, en neuf lignes, MÉDAILLE DE CONFIANCE de cinq sols REMBOURSABLE EN ASSIGNATS DE 50 L. ET AU DESSUS — L'AN IV DE LA LIBERTÉ. Sur la tranche, DÉPARTEMENT DE PARIS, DE RHONE, DE LOIRE ET DU GARD.

(Notre collection).

Monneron de deux sols — LIBERTÉ SOUS LA LOI. La liberté assise à g. tenant les tables sur lesquelles on lit : DROITS DE L'HOMME, ART. 5. Au bas, L'AN IV DE LA LIBERTÉ. — **R.** : RÉVOLUTION FRANCAISE. Dans le champ, en six lignes, Médaille qui se vend **deux sols** A PARIS CHEZ MONNERON PATENTÉ. Sur la tranche : LA CONFIANCE AUGMENTE LA VALEUR.

(Notre collection).

Il y a plusieurs variétés de ces médailles : nous nous bornons à décrire deux types.

Portraits. — LES FRÈRES MONNERON — *Labadye* del., *Beljambe* sculp., in-4°.— (Collection Dejabin) très rare. Placé en tête de cette notice.

MONNERON Jean-Louis — *Quenedey* del., *Chrétien* sculp., in-18.

Le même des. et grav. par *Quenedey*.

MONNERON Pierre-Antoine — des. et gr. par *Quenedey*.

La Bibliothèque nationale possède trois portraits dessinés par *Labadye*, qui n'ont pas été gravés.

Bibliographie. — Jean-Louis Monneron a laissé les ouvrages suivants :

1° *Lettre à M" sur l'établissement d'une banque nationale.* Versailles, 1789, in-8°, 24 pag.

2° *Opinion sur le projet d'établissement de navigation en France,* in-8°.

3° *Mémoire lu à l'Assemblée nationale en faveur des colonies Françoises aux Indes,* par Louis Monneron, député de Pondichéry, 1790, in-4°, 40 pag.

4° *Observations sur la législation coloniale,* 1791, in-8°.

5° *Opinion sur la création de petits assignats, avec un projet de décret.* Paris, in-8°, 18 pag.

6° *Lettre à un ami sur la cause des marées.* — Annonay, 1793, in-8°, 42 pag.

MADIER DE MONTJAU

DÉPUTÉ DU TIERS ÉTAT

Noël-Joseph MADIER de MONTJAU, grand-père du vénérable député de la Drôme, naquit à Bourg-Saint-Andéol en 1755. Il était fils de Charles Madier, qui avait épousé, en 1752, Marie Sibour, de Saint-Paul-Trois-Châteaux, grand'tante de l'archevêque de Paris.

Voici son extrait de naissance, que nous devons à l'obligeance de M. le Maire :

« Bap. L'an 1755 et le 16 mars, est né en cette ville Noël-
« Joseph, fils légitime de Monsieur Charles Madier, mar-
« chand drapier, et de Demoiselle Marie Sibourg. Son
« parrain a été le Né Noël Madier, son oncle, aussy marchand.
« Et la marraine Marie Rose Sibourg, sa tante, et a été
« baptisé le dix-septième dudit, présents : Messieurs Antoine
« Fabry et Charles Madier, docteur en médecine, et Etienne
« Madier, avocat.

« Signés : A Fabry, Noel Madier, Madier, Madier D. M.
« — Girard, curé. »

Certifié conforme au registre de l'état civil de la paroisse de St-Polycarpe.

En mairie, le 20 février 1889.

Signé : Rambaud, maire.

Madier de Montjau, avocat, « premier consul-maire et député de la ville de Bourg-Saint-Andéol, propriétaire foncier, seigneur de Méas et de Montjau, » assista à l'Assemblée générale des trois ordres du Vivarais, tenue à Privas, le 18 décembre 1788, et signa l'arrêté, qui fut un des plus remarqués, par son libéralisme sage et ferme.

Le 26 mars 1789, nous le voyons à la tête des députés envoyés à Villeneuve-de-Berg par la ville de Bourg-Saint-Andéol, pour l'élection des députés aux États généraux.

Le 3 avril, il fut élu second député du tiers état par 224 voix sur 413 votants.

Voici l'allocution qu'il prononça aussitôt après son élection :

Messieurs,

« Je reçois en ce jour la preuve la plus sûre et la plus glori-
« euse de votre estime : ni les libelles infâmes, ni les calom-
« nies atroces qu'on s'est permis contre moi, n'ont pu détrui-
« re le premier effet de l'opinion publique sur mon compte.
« Ce sentiment, Messieurs, si cher à tous les bons citoyens,
« me fait oublier d'avance les inquiétudes et les peines qui
« accompagneront cette mission si importante, dont je sens
« tout le fardeau. M. Espic a reçu dans son élection la récom-
« pense de son zèle et des sacrifices qu'il fait depuis long-
« temps à sa patrie ; je ne vois, Messieurs, dans la mienne,
« qu'une tâche immense à remplir pour justifier votre confi-
« ance, recevez mes remerciements les plus profonds et les
« plus respectueux. Je prends dans cet auguste sanctuaire,
« devant l'élite des citoyens de cette province, l'engagement
« sacré et éternel de me rapprocher autant qu'il sera en mon
« pouvoir du digne modèle que vous m'avez donné, et de sa-
« crifier à votre service, au soutien de vos droits, et mon
« repos et ma vie. » (1).

Madier de Montjau vota constamment avec la droite ; c'était un ardent royaliste, et l'on jugera de ses sentiments

---

(1) *Procès-verbal de l'Assemblée générale des trois ordres*, à Villeneuve-de-Berg.

sur la situation politique de la France, par les extraits suivants de quelques-unes de ses lettres, adressées au chef de la sénéchaussée de Villeneuve-de-Berg, publiées dans le *Bas-Vivarais* du 21 juin 1873.

4 septembre 1789. — « Il y a deux mois que je suis dans les plus grandes confidences sur les manœuvres d'une troupe de Catilina. Vous devez sentir combien je suis... ; mais je dois vous en faire part ; comme chef de la sénéchaussée, vous pouvez ramener les imaginations ardentes aux vrais principes... Il s'est d'abord agi de remuer le royaume et de renverser le trône... Je me propose d'écrire un jour l'*Esprit de l'Assemblée nationale en 1789*. Quels étaient les motifs ? Détrôner le roi et y placer le D. d'Or... Ce Cromwell ne jouissait ni d'assez bonne réputation, ni d'assez de talent pour réussir. Il en sera pour les sommes énormes qu'il a répandues, et les choses resteront comme elles sont. Je regarde le royaume comme perdu, du moins pour bien des années, en supposant, contre tout ce qui se présente, qu'il se remette de cette commotion...

« J'ai été nommé un des douze pour le *Comité des recherches*, et là je trouverai encore mieux la clef de toutes les intrigues que je vous indique... Gardez mes lettres pour juger de la perspicacité du prophète ou pour le maudire.

MADIER.

« Lyon, le 15 octobre 1789. — La difficulté qu'il y avait à écrire et à sortir de Paris m'a obligé à me rendre, la nuit, à l'hôtel des diligences, d'où je suis parti à minuit sur l'impériale. Je fis part du projet que j'avais de venir en Vivarais instruire nos commettants de la vérité des faits. M. Espic approuva ce parti, fit une lettre qui devait être signée de tous nos collègues ; mais, soit prudence, soit crainte, M. Espic me dit qu'il fallait attendre encore quelques jours. Pour moi, Messieurs, qui prévoyais ce qui arriverait et combien il serait difficile de sortir de Paris et de Versailles, je me décidai à partir sur-le-champ.

« Pour justifier ma démarche, qu'il vous suffise de savoir, Messieurs, que la ville de Paris est entièrement livrée à une populace anthropophage, qui intimide la garde... est toujours prête à les (les chefs) égorger, si l'on ne finit par accorder tout ce qu'elle demande!... que le roi n'a été amené à Paris qu'aux cris de cette populace,... que nous avons été forcés de délibérer de suivre le roi à Paris, et de nous y transférer en présence de toute cette horde armée, et qui n'a quitté notre salle qu'après que la délibération a été prise. (1)

« Je crois, Messieurs, que le roi et l'Assemblée étant sans liberté, il n'est pas possible que l'on suive les travaux commencés. Je vous prie de vouloir bien rassembler vos commissions et m'assigner au Bourg le jour que vous voulez que je me rende à Villeneuve. Là, je vous donnerai des détails ; là, je prendrai vos ordres, et si vous désirez que je revienne à l'Assemblée, quoique très convaincu de l'inutilité de ma présence et de la nullité de tous les députés, je me rendrai à Versailles ou à Paris, si l'Assemblée nationale y est transférée.

Madier.

« Tournon, 20 octobre 1789. — Un ami qui était venu à ma rencontre me force à revenir sur mes pas. Il m'a peint l'effervescence et la fureur populaire si grandes qu'il me paraît qu'il serait imprudent d'aller en Vivarais. Je n'ai d'autre parti à prendre que d'aller reprendre mes fonctions inutiles.

Madier

« Paris 19 novembre 1789. — On m'accuse de lâcheté ou de conspiration dans ma retraite ; il n'en fallait pas tant

---

(1) Madier de Montjau fit partie, avec Dubois-Maurin, de la députation qui accompagna le roi à Paris, le 16 juillet 1789.

pour m'engager à revenir. Je me soumettrai aux événements. Le délire est si universel et si prodigieux partout qu'il n'est plus de moyen de faire entendre la voix de la vérité et de la froide raison. On a déclaré hier que les biens ecclésiastiques étaient à la disposition de la nation.

MADIER. »

Madier de Montjau figura comme témoin dans l'enquête faite sur la terrible journée du 6 octobre 1789.

Il se fit remarquer à l'Assemblée par ses violentes apostrophes contre Mirabeau, et signa toutes les protestations de la minorité contre les décrets constitutionnels. (1) Il fut obligé de se cacher pendant la terreur, reparut au 9 thermidor et fut envoyé au Conseil des Cinq-Cents par ses concitoyens, en 1796, où il appuya les propositions du parti de Clichy. Condamné à la déportation à la suite du 18 fructidor an V, il se réfugia à Barcelonne et rentra en France après le 18 brumaire.

Pendant le Consulat et l'Empire, Madier de Montjau vécut dans la retraite et s'adonna à l'agriculture. En 1815, Louis XVIII le nomma conseiller à la cour royale de Lyon ; un an avant, il avait été anobli, et avait reçu la croix de la Légion d'honneur et celle de Malte.

Lorsqu'en 1820, son fils, Paulin Madier de Montjau, conseiller à la cour de Nimes, fut cité par les ministres devant la cour de cassation pour répondre de sa conduite, il voulut l'assister dans sa défense. Il publia alors : *Madier de Montjau père, chevalier de Malte, aux juges de son fils*. (2)

Madier mourut en 1830, le 21 juin.

Voici l'extrait mortuaire, que nous devons encore à l'obligeance de M. Rambaud, maire de Bourg-Saint-Andéol :

---

(1) Dr Francus. — *Voyage au Bourg-Saint-Andéol*, p. 222.
(2) Larousse. — *Dictionnaire*.

« L'an mil huit cent trente et le vingt-deux du mois de juin.
« Pardevant nous, Paul Emile d'Allard, maire et officier de
« l'état-civil de la commune de Pierrelatte, canton de idem,
« département de la Drôme, sont comparus M. Guillaume
« Husson, âgé de cinquante ans, et Baptiste Taillade, âgé de
« quarante-quatre ans, tous deux propriétaires et voisins du
« décédé demeurant à Pierrelatte. Lesquels nous ont déclaré
« que M. Noël Joseph Madier de Montjau, âgé de septante-six
« ans, chevalier des ordres de Malte et de la légion d'hon-
« neur, conseiller en retraite à la cour royale de Lyon,
« mari de dame Agathe Catherine Julien, demeurant à
« Pierrelatte, y est décédé hier à onze heures du matin audit
« lieu, et ont les déclarants signé avec nous le présent acte.

Suivent les signatures.
Pour copie conforme,
Pierrelatte, le 25 février 1889.
Le maire, signé : TAILLADE. »

Paulin Madier de Montjau exprimait à cette époque devant ses deux fils, bien jeunes encore, le regret qu'il éprouvait de ce que son père, longtemps très royaliste, mais, à la suite des scandales politiques de la Restauration, devenu beaucoup plus libéral, n'avait pas vécu quelques mois de plus pour assister à la victoire du droit et de la liberté, sur une dynastie qui avait persécuté en lui le fils d'un de ses plus dévoués défenseurs.

.·.

Paulin Madier de Montjau, né à Bourg-Saint-Andéol en 1785, fut conseiller à la cour de Nîmes en 1813; chevalier de la Légion d'honneur en 1815, député de Castelnaudary en 1830, et procureur général à Lyon; député du collège électoral de Largentière en 1831, réélu par le même collège en 1834. En 1841, trouvant le gouvernement trop réactionnaire, il devint légitimiste ; puis il fonda, en 1846, *l'Esprit public*, journal dans lequel des écrivains, appartenant à divers partis, se réunirent pour battre en brèche le trône de Louis-Philippe. En 1848, il donna, avec éclat, sa démission de conseiller à la cour de cassation.

Il avait voté, en 1830, le bannissement de la famille royale, ce qui lui fut un remords jusqu'à la fin de ses jours. Il en témoigna son repentir dans une lettre célèbre au comte de Chambord (1).

Infirme, il se retira dans sa campagne des Prés-Saint-Gervais, où il mourut en mai 1865. Ses deux fils lui firent des obsèques civiles (2).

Il avait épousé Mlle Adeline Pelet, sœur du préfet de l'Ardèche, dont il eut deux fils.

. .
.

Noël-François-Alfred **Madier de Montjau**, fils aîné du précédent, né en 1814, fut élu, par le département de Saône-et-Loire, en 1850, représentant du peuple à l'Assemblée législative.

Le 2 décembre 1851, il fut du petit nombre des représentants du peuple qui tentèrent de s'opposer par la force au coup d'État ; il fut blessé sur une barricade du faubourg Saint-Antoine, à coté de Baudin, mortellement frappé.

Depuis 1874, il représente le département de la Drôme à la Chambre des députés, dont il a été un des questeurs jusqu'à l'année dernière.

Son frère, Edouard Madier de Montjau, se signala, après la révolution de 1848, par l'ardeur avec laquelle il défendit les

---

(1) Voir dans les *Souvenirs d'un vieux mélomane* de M. de Pontmartin, au sujet du repentir de M. Madier de Montjau d'avoir trempé dans la révolution de Juillet, des détails fort curieux, sous le titre : *M. Madier de Montjau et la Gazza Ladra*.

(2) de Montravel — *Recherches généalogiques*.

idées socialistes. Compromis dans l'affaire du 13 juin 1849, il fut condamné par contumace avec Ledru-Rollin. Depuis il abandonna la politique pour la science ethnographique (1).

Portraits. — M. Madier de Montjau, député de la Drôme, possède deux beaux portraits de son grand-père : une miniature faite à l'époque où il fut élu député aux États généraux, et un portrait, grandeur naturelle, peint par Horace Vernet en 1820.

Nous comptions recevoir une photographie d'un de ces portraits, que nous aurions fait reproduire; à notre grand regret, nous n'avons pu l'avoir au moment du tirage de cette notice, même après l'avoir retardé de huit jours.

---

(1) Larousse. — *Dictionnaire.*

M. DUBOIS-MAURIN

Conseiller du Roi, Doyen en la Sénéchau.ée de
Ville neuve de Berg en Vivarais
né au Bourg de Jaujac le 22 Janvier 1735.
Député de la dite Sénéchaussée
à l'assemblée N.ale de 1789

DUBOIS-MAURIN

DÉPUTÉ DU TIERS ÉTAT

Pierre Dubois-Maurin, notaire à Jaujac, au commencement du xviiie siècle, eut six enfants, de son mariage avec Jeanne Martinen :

1° Jeanne, épousa M. Monteil, de Jaujac : elle fut mère de l'abbé Monteil.

2° *Pierre*, notre député.

3° Thérèse, épousa Antoine Tastevin, des Salles, commune de Balazuc.

4° Jacques, notaire à Largentière.

5° Jeanne-Marie-Françoise, épousa Jacques-Alexandre Rouvière, greffier en chef du tribunal civil de Largentière.

6° Rose, épouse de Jean-Frédéric Avias, avocat et avoué près le tribunal civil de Largentière.

Pierre DUBOIS-MAURIN, naquit à Jaujac le 22 janvier 1735, ainsi qu'il résulte de son acte de naissance, que nous donnons textuellement.

« Le vingt troisième jour du mois de janvier mil sept cent
« trente-cinq, a été baptisé Pierre Dubois-Maurin, fils
« naturel et légitime à Sr Pierre Dubois-Maurin, notaire, et
« à demoiselle Jeanne Martinen mariés au Bourg de Jaujac,
« son parrain a été Sr Pierre Roche, sa marraine, demoi-
« selle Catherine Duchène, habitant du dit bourg.
« Présents messire Gineyts, Bonnet diacre et St-Anne
« Sevenier procureur d'office, signés de ce requis. —
              BONNET et PASCAL. prêtre signés » (1).

---

(1) Nous devons ces renseignements à l'obligeance de M. Pastré, notaire à Jaujac, qui possède les minutes de Dubois Maurin père ;

La famille Dubois-Maurin était originaire de Fabras, du lieu du Bois, et son vrai nom est Maurin. Le député, dont nous avons eu entre les mains plusieurs lettres, signait Maurin.

Le père Dubois-Maurin, qui a été notaire depuis 1728 jusqu'à 1774, fit faire à ses deux fils de sérieuses études de droit. En 1769, Pierre était avocat en parlement, et devint conseiller du roi au bailliage et siège royal de Villeneuve-de-Berg, en janvier 1770.

Il se maria avec M??? Marianne Saboul de Beaufort, sœur du premier consul-maire de Villeneuve-de-Berg, en 1789.

Le 30 juillet 1772, par devant M? Avias, notaire à Meyras, Pierre Dubois-Maurin se rendit adjudicataire de la terre de S?-Mouline, commune de Prunet, canton de Largentière, pour un bail de 99 ans. Cette terre appartenait à l'abbaye des Chambons, et le bail fut ratifié par Messire Réné-Joseph-Marie de Gourjon de Vauriants, abbé commendataire de l'abbaye de N. D. des Chambons, ordre de Citeaux et chanoine honoraire de l'église de Reims. Le prieur des Chambons était alors dom Maubert, vicaire général de l'ordre de Citeaux. (1)

Le 15 janvier 1782, nous voyons Pierre Dubois-Maurin figurer, dans un acte de baptême à Villeneuve-de-Berg, comme parrain de sa nièce « Marguerite-Pierrette-Marie-Julie de Beaufort, fille légitime de M?? Jean-Baptiste Saboul de Beaufort, et à dame Marie Bac, mariés ; la marraine était dame Marguerite de Roqueplane de Tavernol.

« Etaient présents : messire Jean-François de Perrotin, chevalier de l'ordre royal et militaire de S?-Louis, capitaine en premier au corps royal du génie, et noble Paul-Jean-Bap-

---

c'est lui qui a bien voulu nous adresser les actes de naissance et de décès de notre député.

(1) C'est M. R. de Gigord, prop. du domaine de S?-Mouline, qui a eu l'amabilité de nous donner ces détails intéressants.

tiste-Charles de Sabatier de la Chadenède, syndic du pays de Vivarais » (1).

Dubois-Maurin était doyen des conseillers de la sénéchaussée, lorsque, le 5 avril 1789, à l'assemblée générale des trois ordres tenue à Villeneuve-de-Berg, le tiers état l'envoya siéger aux États généraux. Aussitôt après la proclamation du résultat du scrutin, il prononça cette allocution :

« Si quelque chose pouvait augmenter mon zèle patriotique, ce serait la confiance dont vous venez de m'honorer ; recevez, Messieurs, les témoignages de la vive reconnaissance dont je suis pénétré, et soyez assurés que rien ne l'égale que le désir que j'ai de remplir vos vues. Toutes mes démarches n'auront pour objet que le bien public, et en particulier celui de notre ordre, fallût-il même se le procurer par le sacrifice de ma vie. » (2)

Dubois-Maurin fit partie, avec Boissy d'Anglas, de la députation de cent membres, qui accompagna le roi à Paris, le 16 juillet 1789.

Voici quelques extraits de ses lettres, adressées à M. de Barruel, juge-mage de Villeneuve-de-Berg :

« Paris, le 22 décembre 1789. — Votre dernière lettre contenait un mémoire sur des nouvelles observations faites par la municipalité de Villeneuve-de-Berg, à l'appui de celles que j'avais déjà reçues, pour se défendre contre les prétentions injustes et ambitieuses que les deux villes voisines (3) auraient formées pour obtenir de l'Assemblée nationale, et à notre détriment, le tribunal de ressort... Entre nous

---

(1) C'est à l'obligeance de M. Deleuze, maire de Villeneuve-de-Berg, que nous devons cet acte de baptême.
(2) Procès-verbal de l'Assemblée tenue à Villeneuve-de-Berg.
(3) Dans une lettre du 7 novembre, Dubois-Maurin parle d'une délibération prise par la ville d'Aubenas et celle de Privas, pour obtenir une cour royale au détriment de Villeneuve-de-Berg. « De mon côté, ajoute-t-il, soyez assuré que j'agirai et ferai agir. »

soit dit, j'ai fait agir auprès de M. le marquis de Vogüé, pour que son avis ne fût pas en leur faveur; le comte d'Antraigues est aussi pour nous, Madier de même. Quant aux autres, je les tiens pour suspects, par rapport à l'intérêt particulier qu'ils ont en la chose ; cependant je vous observerai que M. Espic, rivalisant avec Privas, se rangera plutôt pour nous que pour cette ville ; il en sera de même de M. de France, qui préfère Villeneuve à Aubenas, nous sommes assez d'accord sur la sénéchaussée et présidialité à Villeneuve.

« M. Boissy-d'Anglas, avec qui j'ai eu aujourd'hui une longue conférence, est d'avis de solliciter, pour obtenir la présidialité dans nos deux sénéchaussées. Il croit que le Vivarais n'est pas susceptible d'un tribunal supérieur, il est convaincu que si dans chaque département, l'on ne place qu'une présidialité, nous l'emporterons sur eux, c'est ce que j'ai toujours cru.

« J'écris à M. Viguier de se rendre chez vous, le dimanche au soir, pour retirer un paquet et l'envoyer à mon frère, à Largentière. J'écrirai aussi à la municipalité de Villeneuve. »

MAURIN.

« Paris, le 24 décembre. — J'ai eu hier une grande conférence avec M. d'Antraigues et M. de Vogüé. Je ne doute pas un moment qu'ils n'agissent pour nous procurer ce que nous désirons. Cependant, ayons bouche close pour que nos voisins n'en soient pas instruits. »

MAURIN.

Paris, 11 janvier 1790. — « Beaufort m'a fait passer autres deux délibérations de la municipalité de votre ville, l'une pour don patriotique et l'autre pour parer contre les prétentions injustes d'Aubenas. — ... Nos districts ne tarderont pas à être décidés, puisque, suivant le projet de l'Assemblée, les municipalités, districts et départements, doivent être en activité d'ici au 15 février prochain... » (1)

MAURIN.

A la fin de la session de l'Assemblée nationale, Dubois-Maurin revint à Villeneuve-de-Berg, dont il fut nommé maire, par arrêté du Conseil général d'administration du département de l'Ardèche. Puis il siégea comme juge du district du Coiron, au tribunal criminel du département, et enfin se retira à Jaujac, son pays natal, dont il fut maire jusqu'à sa mort.

Il possédait une fabrique à soie au quartier des Amarniers, et fut un des promoteurs de cette industrie dans le bas-Vivarais. Il en établit une autre à sa terre de St-Mouline, à Prunet.

Le 11 nivose an VI, par un bail reçu Me Monteil, notaire, Pierre Dubois-Maurin afferma à Vincent Dubois, de Prunet, une partie du domaine de St-Mouline, pour la somme de 2.750 livres et des réserves importantes. M. de Gigord, le grand-père de celui qui a bien voulu nous donner ces détails, s'étant rendu adjudicataire du domaine de St-Mouline, en 1807, dut racheter les jouissances des héritiers de Dubois-Maurin.

Dubois-Maurin mourut sans laisser d'enfants. Voici son extrait mortuaire :

« Du seizième du mois de frimaire, l'an X de la Répu-
« blique Française.

« Acte de décès de Pierre Dubois-Maurin, maire de Jaujac,
« décédé la veille, à quatre heures du soir, profession
« d'homme de loi, âgé de soixante-six ans, né à Jaujac,

---

(1) Nous devons à l'obligeance de M. l'abbé Mollier la communication de ces extraits de lettres de Dubois-Maurin.
Voir aux Pièces justificatives, N° 7, une lettre et une délibération à ce sujet.

« époux de Marianne Saboul, fils de feu Pierre Dubois-
« Maurin, et de feue Jeanne Martinent. »

Sa femme lui survécut ; il avait fait son testament le premier février 1783, par devant M⁰ Viguier, notaire à Jaujac.

La maison Dubois-Maurin existe encore, sur la vieille place, et des anciens se rappelaient y avoir vu Boissy d'Anglas, qui était très lié avec notre député.

Portraits — 1⁰ Grand portrait peint sur toile, chez Madame V⁵ᵉ Helly, à Jaujac.

2⁰ Dessin in-4⁰, par *Devouge*, à la Bibliothèque nationale.

3⁰ *Moreau* del., in-8⁰, dessin à la Bibl. nat.

4⁰ *Moreau* del., in-8⁰, *Beljambe* sculp. (Collection Dejabin). C'est le portrait placé en tête de cette notice.

DEFRANCE

DÉPUTÉ DU TIERS ÉTAT

Pierre-Simon DEFRANCE naquit à Saint-Priest, canton de Privas, le 28 novembre 1734. Il était fils de Reiné Defrance, conseiller du roi et d'Anne Audeffre.

Voici son extrait de baptême que nous devons à l'obligeance de M. Camille Chalamon, étudiant en droit, arrière-petit-fils du député Defrance :

« L'an mil sept cent trente-quatre et le trente novembre a
« été baptisé M. Pierre Simon Defrance, né le vingt huit, fils
« naturel et légitime de M. Reiné Defrance et d^lle Anne
« Audeffre. Le parrain a été M. Simon Pierre Defrance à la
« place de M. Christoffle Defrance curé de Mayras (1) sous-
« signé, la marraine d^lle Jeanne Vacher à la place de d^lle
« Marguerite Defrance.

« Signés : DEFRANCE prêtre, DEFRANCE, AUDEFFRE,
« CHARLES prieur curé. »

Pierre-Simon fit ses études de droit à Toulouse. Docteur en droit et avocat en parlement en 1756, il vint se fixer à Privas.

Le 27 avril 1757, il épousa Anne Terrasse, fille de Pierre et d'Elisabeth Rouvière, de Coux près Privas.

De ce mariage naquirent cinq enfants :

1° Anne-Elisabeth, née le 19 janvier 1758, décédée le 19 avril 1767.

2° Pierre-Simon-Louis, né le 11 novembre 1759, qui terminait ses humanités au collège des Barnabites d· Bourg-St-Andéol en 1779, et qui, docteur en droit et avocat au

---

(1) Cet abbé Defrance fut plus tard official à Largentière.

parlement de Toulouse, mourait conseiller de préfecture à Privas, le 27 février 1807, sans postérité.

3° Madeleine-Louise-Charlotte, née le 11 février 1751, décédée le 17 août 1827, mariée avec Jean-Pierre Chalamon, de Saint-Priest.

4° Marguerite-Thérèse, née le 11 octobre 1762, épousa Jacques Marze, de Sibleyras, commune de Saint-Pierreville.

5° Suzanne-Angélique, née le 4 mai 1764 et décédée le 9 du même mois, deux jours après sa mère.

En 1788, Defrance assista à l'Assemblée générale des trois ordres du Vivarais, tenue à Privas les 17, 18 et 19 décembre.

Le 6 avril 1789, il fut élu le quatrième député du tiers état aux États généraux, par la sénéchaussée de Villeneuve-de-Berg. Il vota, en général, avec Mounier, puis avec le parti constitutionnel.

Rentré à Coux en 1791, il fut nommé maire de sa commune, fonctions qu'il remplit jusqu'en 1811 ; commissaire du roi près le tribunal criminel, en 1792 ; juge de paix du canton de Privas et, en l'an IV, substitut du commissaire du pouvoir exécutif.

Le 3 floréal an XI, le premier consul le nomma président de l'assemblée du canton de Privas, fonctions qu'il conserva jusqu'en 1813.

Il venait d'être réélu pour cinq ans, le 4 janvier 1813, quand les infirmités inhérentes à son grand âge, et une cécité presque complète le forcèrent à donner sa démission, six mois après sa réélection.

Defrance vécut alors retiré des affaires, auprès de sa fille ainée et de son gendre Jean-Pierre Chalamon, au mas de Gouvernas, commune de Saint-Priest, où il mourut le 6 novembre 1819, à l'âge de 85 ans.

La tradition, sa correspondance avec les hommes éminents de l'époque, les documents, tant privés que publics, nous montrent Pierre-Simon Defrance comme un homme digne des hautes missions qui lui furent confiées durant le cours de sa longue existence.

Il possédait une importante fortune territoriale dans les communes de Coux, Veyras et surtout dans celle de Saint-Priest, berceau de sa famille, une des plus anciennes et des plus considérées du pays. (1)

Le nom de Defrance s'éteignit avec Pierre-Simon, qui laissa, comme héritières de sa fortune, ses deux filles : Madeleine-Charlotte Chalamon et Marguerite-Thérèse Marze, de Sibleyras, dont les descendants existent encore, tant à Saint-Priest qu'à Saint-Pierreville. (2)

L'année même où mourait Pierre-Simon, son petit-fils Camille Chalamon, qui devait pendant trente ans présider le tribunal de Privas, commençait à Paris ses études de droit, suivant en cela les conseils et l'exemple de son aïeul. (3)

Le président Chalamon, qui avait épousé Mlle de Bernardy, était le père de M. Chalamon de Bernardy, conseiller général actuel du canton de Burzet.

D'après M. Aug. Benoit, Christophe Defrance (*alias* de France) grand-père de Pierre-Simon, était fils de noble Simon-Pierre de France, seigneur d'Alboussière et de d^{lle} Jeanne de Pierre, du lieu de la Bastie de Crussol.

---

(1) Pierre-Simon Defrance figure sur la liste des cinq cent cinquante plus imposés parmi les six cents plus forts contribuables du département de l'Ardèche. — *Placard, Imprimerie impériale, 1808.*

(2) Sur la liste des représentants du peuple au Corps législatif, qui composent le conseil des Cinq-Cents — Paris, de l'Imprimerie nationale an V — nous voyons figurer : DEFRANCE Jean-Claude ; était-ce un frère, un parent quelconque du député de 1789 ?

(3) Les principaux éléments de cette notice nous ont été fournis par M. Auguste Benoit, d'Entrevaux, à Saint-Priest, voisin et ami de M. Chalamon. M. Benoit, qui a, paraît-il, le talent de bien dessiner les armoiries, s'occupe aussi de recherches historiques.

— 158 —

Christophe de France fut évêque de Saint-Omer, du 15 juin 1634 au 16 octobre 1656. (1)

Dans ce cas, voici les armes de cette famille, que nous avons fini par découvrir, après avoir cherché longtemps :

Les DE FRANCE portaient d'argent à trois fleurs de lis de gueules. (2)

---

(1) Lud. Lalanne — *Dictionnaire histor. de la France.*
(2) Gourdon de Genouilhac — *Recueil d'armoiries des familles nobles* — Paris 1860.

L'ABBÉ CHOUVET

Curé de Chomérac

DÉPUTÉ DU CLERGÉ

Nous avons cherché longtemps le lieu de naissance de l'abbé Chouvet ; M. le curé actuel de Chomérac ne put nous fournir le moindre renseignement sur son ancien prédécesseur. Ayant vu figurer, sur l'*arrêté des trois ordres du Vivarais assemblés à Privas*, en 1788, le nom de M. Chouvet, curé du Béage, c'est vers cette commune que nous dirigeâmes nos recherches. M. le curé actuel, à qui nous écrivimes, nous apprit que l'ancien curé du Béage était de Coucouron, et qu'il y était mort curé de cette paroisse. Immédiatement nous écrivimes à M. le curé-archiprêtre ; et c'est lui qui a couronné de succès nos efforts persévérants.

M. l'abbé Ceyte a eu l'obligeance de nous fournir quelques détails intéressants sur ces deux abbés Chouvet, que nous avons un moment crus frères.

Voici d'abord l'extrait de naissance du député aux États généraux :

« Le 4ᵉ du mois de septembre 1732, dans l'église de
« St-Martin-de-Coucouron, a été baptisé *Mathieu Chouvet*,
« âgé d'un jour ; fils naturel et légitime de Jean Chouvet,
« et de Marie Souche, mariés au lieu de Coucouron, susdite
« paroisse. Son parrain a été Mathieu Monteil, et sa
« marraine Marie Boit, du susdit lieu de Coucouron.
« Présents : Mathieu Monteil, le parrain, et Joseph Boule,
« ce dernier soussigné. Signés au registre : BOULE, CRÉGUT,
« vicaire ».

Mathieu Chouvet était curé de Chomérac depuis quelques années, quand furent convoqués les États généraux. Il assista à l'assemblée des trois ordres du Vivarais, tenue à Privas les 17, 18 et 19 décembre 1788.

Nous avons raconté comment les choses se passèrent à Villeneuve-de-Berg, le 26 mars 1789, pour l'élection des députés du clergé; trois partis s'élevèrent dans le sein de cet ordre: l'abbé Chouvet à lui seul en représentait un, le troisième. Mgr l'évêque de Savine fut élu au premier tour, par 116 voix contre 112 données à l'abbé Malosse, prieur de Nieigles. Au second tour, c'est l'abbé Chouvet qui obtint la majorité, après avoir coopéré à la rédaction des cahiers de l'ordre du clergé.

L'abbé Chouvet fut un des cent quarante-neuf membres du clergé qui, le 19 juin, votèrent la vérification des pouvoirs en commun. Lors du serment du Jeu de Paume, il fut du nombre des prêtres députés qui se réunirent au tiers état pour former l'Assemblée Constituante.

Il prêta, sans restriction ni réserves, le serment à la constitution civile du clergé. Son rôle à l'Assemblée nationale fut un rôle tout effacé: il se contenta de voter, et presque toujours avec la gauche.

En 1791, lorsque la Législative remplaça la Constituante, l'abbé Chouvet revint à Chomérac; mais il n'y exerça aucun ministère. Sous la Terreur, il se défroqua et ne fut pas inquiété, ayant la réputation d'un curé patriote.

Après thermidor, lorsque M. de Savine reprit, malgré son apostasie, son titre et ses pouvoirs d'évêque, en opposition avec ceux de son métropolitain Mgr d'Aviau, archevêque de Vienne, réfugié à Rome, et à qui le Pape avait donné la juridiction spirituelle de tout le clergé ardéchois, l'abbé Chouvet fut réinstallé à la cure de Chomérac; il signait : «Mathieu Chouvet, curé constitutionnel.» A cette époque, il s'était formé dans l'Ardèche une petite église schismatique que M. de

Savine dirigeait de Paris, qui avait son foyer central à Notre-Dame de Pramailhet, et dont l'abbé Chambon de Saint-Etienne-de-Boulogne était le vicaire général. Cette petite église ne reconnaissait pas l'autorité du Pape et admettait sans réserves tous les articles de la Constitution civile de 1790. Parmi ses adhérents, elle comptait les Feuillade, de Villeneuve-de-Berg ; Chaussy, de Bourg-Saint-Andéol ; Perbost, de Saint-Marcel-d'Ardèche et surtout l'abbé Chouvet.

Les Lettres apologétiques du clergé catholique du diocèse de Viviers se terminent par la liste des principaux écrits de M. de Savine, évêque de Viviers. Une lettre qu'il adressait le 4 janvier 1800 « au citoyen Chouvet, curé de Chomérac », au sujet de l'autorité du Pape, qu'il répudiait, y est reproduite textuellement ; cette lettre manuscrite et répandue, fut adressée d'abord à l'abbé Chambon « vicaire épiscopal. »

Le Concordat mit fin à ce schisme. Presque tous les schismatiques se soumirent, — sauf Chouvet qui resta inébranlable. Cela lui valut la perte de la cure de Chomérac. Il se retira alors dans une maison qu'il avait achetée à l'entrée de la ville. C'est là qu'il mourut le 23 novembre 1813.

Voici son extrait mortuaire : (1)

« L'an mil huit cent treize, le vingt-six du mois de novem-
« bre, par devant nous, adjoint municipal, en l'absence du
« Maire, officier de l'Etat civil de la commune de Chomérac,
« département de l'Ardèche, canton de Chomérac, sont com-
« parus : sieur Alexandre Grel, demeurant à la Chabassole,
« profession de propriétaire, qui a été de la connaissance du
« défunt et sieur Etienne Plantin, profession d'instituteur,
« demeurant à Chomérac, qui a dit être aussi de la connais-
« sance du défunt.

« Lesquels nous ont déclaré que Monsieur *Mathieu Chouvet*,
« âgé de quatre-vingts ans, profession d'ecclésiastique, demeu-

---

(1) Nous devons ce document à l'obligeance de M. Blanc, maire de Chomérac.

« rant à Chomérac, est décédé le vingt-trois du mois de
« novembre, à 2 heures de l'après-midi, en sa maison à
« Chomérac.

« Et les déclarants ont signé le présent acte après que
« lecture leur en a été faite.

« Signés : ALPH. GREL, PLANTIN, GREL. »

Sa sœur Rose mourut dans la même maison en 1827.

.·.

Antoine Théofrède Chouvet, curé du Béage en 1789, né à Coucouron, en 1739, mort en 1807, appartenait à une famille plus riche, de la petite bourgeoisie de campagne. Il avait un oncle prêtre qui fut curé de Coucouron, à partir de 1746 jusqu'aux premières années de la Révolution. Lui-même devint curé de Coucouron en 1804. Il avait beaucoup souffert pendant la Révolution, tout en ne s'éloignant pas trop de sa paroisse du Béage. L'abbé Théofrède Chouvet avait laissé une réputation de sainteté et de bon prêtre, sous tous les rapports. On raconte un fait qui lui fait le plus grand honneur. « L'église du Béage possède une relique authentique de Saint Jean-François Régis : c'est un fragment d'un os du pouce donné avant la Révolution au curé d'alors, par Mme Souteyran de la Mathone, qui le tenait elle-même du curé de La Louvesc.

M. Chouvet, fuyant la persécution révolutionnaire, emporta avec lui la précieuse relique ; pour éviter d'être pris, il fut obligé de se jeter dans la Loire qu'il traversa à la nage. La relique fut sauvée, mais le sceau qui en établissait l'authenticité fut perdu et ne fut remplacé qu'en 1831, avec les formalités d'usage et l'approbation de l'autorité diocésaine. » (1)

---

(1) Dr Francus. — *Voyages aux pays volcaniques*, p. 263.

ESPIC (Jean-André)

Né à Aubenas

Député aux États généraux de 1789

ESPIC

DÉPUTÉ DU TIERS ÉTAT

La famille Espic est assez ancienne dans le Vivarais ; nous la trouvons au seizième siècle sur un terrier de Saint-Julien-du-Serre. Un Jean Espic et sa femme Antoinette Fabrège habitaient Aubenas vers la fin du dix-septième. Leur fils Jacques-Pascal Espic, qui était notaire royal à Aubenas, épousa, le 24 février 1735, Suzanne Barthélemy, fille de Louis Barthélemy et de Marie Ganivet. (1)

Les Barthélemy sont anciens à Aubenas, l'un était notaire au commencement du dix-septième siècle ; nous possédons quelques consultations et mémoires remarquables de Louis Barthélemy, avocat à Aubenas en 1735. François-Louis Barthélemy figure sur la liste des 550 plus forts imposés du département de l'Ardèche, en 1808. (2)

Jacques-Pascal Espic eut six enfants :

1° Pierre (le poète) né le 4 avril 1737.

2° *Jean-André* (le député) né en 1738.

3° Mathieu, prêtre, né en 1740. Il fut député du clergé à l'assemblée générale des trois ordres du Bas-Vivarais, tenue à Villeneuve-de-Berg, et mourut en 1821.

4° Louis, jésuite, né en 1742.

5° Jacques-Jean-Baptiste, notaire, qui épousa Magdeleine Suchet, de Largentière, cousine du maréchal Suchet.

6° Marianne, née en 1752, épousa le 5 février 1782, Etienne Riffard, avocat à Largentière.

---

(1) Registres de la mairie d'Aubenas.
(2) *Placard* — Paris, de l'Imprimerie impériale, 1808.

Pierre Espic, fit ses études à Nimes; puis il étudia le droit à Toulouse et devint avocat en parlement tout en cultivant la poésie.

Il aspirait à cueillir les fleurs dont Clémence Isaure a semé son poétique parterre et il y réussit. En 1760, il envoya au concours une idylle intitulée Eglée, et en 1761 une ode sacrée ayant pour titre : *La puissance de Dieu*. Ces deux pièces ne furent pas couronnées, mais elles furent très remarquées, et l'Académie des jeux floraux en ordonna l'insertion dans ses recueils.

En 1764, il présenta une ode intitulée : *Les Princes bienfaisants* ; cette fois il remporta le prix du genre. A la fin de cette pièce, que nous avons eue entre les mains, grâce à l'obligeance de M. Victorin Deydier, se trouve cette attestation :

« Nous soussigné, secrétaire perpétuel de l'Académie des
« jeux floraux de la ville de Toulouse, certifions que Mon-
« sieur Espic, étudiant en droit de l'université de cette ville,
« a remporté, la présente année, le prix de l'Amaranthe d'or,
« par une ode ayant pour titre les princes bienfaisants et pour
« devise *Dis le minorem quod geris imperas* (*Hor.*) dont
« la copie est ci-dessus écrite, et qu'il s'est distingué par
« divers ouvrages de poésie lyrique et pastorale présentés
« à notre Académie ; et particulièrement par une ode ayant
« pour titre *la puissance de Dieu* et par une idylle intitulée
« *Eglée*, imprimées dans nos recueils de 1760 et 1761. En foy
« de quoy nous luy avons donné la présente attestation signée
« de notre main, sous le sceau de l'Académie.

Toulouse le 4 may 1764. »

DELPY, secrétaire.

En 1765, Pierre Espic fut encore couronné pour son idylle des *Colombes*, ravissante composition où les sentiments les plus tendres et les plus doux revêtent les formes de la poésie la plus élégante et la plus pure. Encouragé par les beaux succès qu'il venait d'avoir à l'académie de Clémence Isaure, il se mit à travailler pour le concours de 1766. Pierre était jeune et ambitieux, il avait cette ambition qui fait les grands génies et qui est inséparable du travail ; aussi travaillait-il sans cesse.

Il envoya quatre pièces au concours de 1766 : deux odes, dont une est intitulée : *les Vendanges*, et l'autre : *la Poésie Anacréontique; les Charmes de l'illusion*, épître au sommeil, et enfin un *Discours sur le goût*.

L'épître et le discours valurent à leur auteur le prix du genre ; quant aux deux odes, elles furent mentionnées très honorablement, et l'Académie décida qu'elles seraient imprimées dans ses recueils.

Quelques jours après le concours, Pierre Espic vint à Aubenas ; ses compatriotes, voulant donner à ce jeune lauréat de l'Académie des jeux floraux, un témoignage public de l'admiration qu'ils avaient pour son talent et pour sa personne, spontanément se portèrent en foule à sa rencontre et l'accompagnèrent jusqu'à la porte de sa demeure : ce fut un véritable triomphe. (1)

Cette même année, 1766, Pierre Espic termina ses études et se mit à exercer la profession d'avocat au Parlement, mais il ne l'exerça pas longtemps : il mourut l'année d'après, en 1767, à l'âge de 30 ans, profondément regretté de ses compatriotes.

. . .

Jean-André ESPIC naquit à Aubenas le 29 mai 1738, ainsi que nous le prouve son extrait de baptême, que nous donnons textuellement :

« L'an mil sept cent trente huit et le vingt neuvième may

---

(1) La maison Espic était celle qui touchait à la porte principale de l'église paroissiale et qui s'écroula un samedi. En face se trouvait la maison de Jean Sanglier.

« à huit heures du matin naquit et fut baptisé le 30, Jean-
« André, fils naturel et légitime de Sr Jacques Pascal Espic
« No^{re} de cette ville et de d^{lle} Suzanne Barthélemy. Le parrain
« M. André (illisible) de Lavilledieu, et la marraine d^{lle}
« Marianne Giraud — Présents : Sr Raymond Folachier et
« Jacques Barlatier.

« Signés au registre : ESPIC, FOLACHIER, BARLATIER,
GÉVAUDAN curé ».

Comme son frère Pierre, Jean-André Espic fit ses études à Nîmes et alla étudier le droit à Toulouse. Reçu de bonne heure avocat au Parlement, il vint se fixer à Aubenas et y exerça sa profession avec un rare talent.

Vers 1775, il se maria avec Marie Ollier, dont il eut :

1° Marie-Eugénie, née en 1777, qui épousa, en 1796, Jean-Marie-Etienne Deydier du Lac, grand-père de MM. Victorin et Valéry Deydier.

2° Anne-Sophie, épousa François-Charles Ruelle de Baysand. De ce mariage naquirent : Arsène Ruelle, docteur en médecine, et Denise-Louise Ruelle, qui épousa Louis Hippolyte des Arcis, beau-père de M. Arsac, pharmacien à Montélimar, et de M. Victorin Abrial, à Saint-Martin-de-Vaiamas.

A l'aurore de la Révolution, Espic était un des hommes les plus en vue du canton d'Aubenas. A l'assemblée générale des trois ordres du Vivarais, tenue à Privas les 17, 18 et 19 décembre 1788, il fut l'un des douze membres de la commission chargée de préparer les élections des députés aux Etats généraux. A l'unanimité, il fut nommé secrétaire des trois ordres du Bas-Vivarais. Voici la lettre qu'il écrivit, en cette qualité « aux officiers municipaux et habitants notables de plusieurs communautés du Bas-Vivarais », pour les inviter à adhérer à l'arrêté de l'assemblée de Privas.

Messieurs,

« Je vous envoie une copie de la délibération qui vient
« d'être prise par les trois ordres assemblés du Vivarais : je
« suis chargé de vous l'adresser, afin que vous invitiez votre
« commune, à donner son adhésion à l'arrêté de cette assem-
« blée dont le bruit public doit vous avoir déjà instruit ; elle a
« été indiquée et tenue dans la ville de Privas, présidée par
« M. le comte de Balazuc, seigneur de Chomérac, dont l'âme
« noble et généreuse, la franchise, la bienfaisance et le patrio-
« tisme retracent les vertus de ses ancêtres : son nom, dont
« l'ancienneté se perd dans l'obscurité des temps, se perpé-
« tuera dans les révolutions des siècles à venir : on ne meurt
« point sans postérité, lorsqu'on a régénéré sa patrie.

« On ne peut pas douter, Messieurs, que cet arrêté n'ait
« pour objet d'améliorer votre sort ; mais ce bien si désirable
« ne peut s'opérer que par l'unanimité des réclamations ; il n'y
« a qu'un cri général qui puisse se faire entendre au pied du
« Trône ; souvenez-vous, citoyens, que la circonstance ne sau-
« rait être plus favorable et ne s'offrira peut-être jamais plus ;
« l'homme vil et dégradé par la servitude, qui, dans ce mo-
« ment précieux n'aurait pas la force de se redresser, demeu-
« rerait honteusement courbé pour toujours.

« Tout promet le plus heureux des succès, à la plus glo-
« rieuse des entreprises : déjà le Vivarais se glorifie et s'ho-
« nore d'avoir produit un gentilhomme précieux, célèbre, (1)
« dont l'ouvrage immortel, inspiré par l'amour de son pays,
« est devenu si utile à la Nation qu'il a éclairée, en jetant au
« milieu d'elle le flambeau des grands principes qui vont dé-

---

(1) « M. le comte d'Antraigues, auteur du *Mémoire sur les Etats*
« *Généraux*; cet ouvrage n'est point une de ces pièces éphémères,
« qui meurent avec les circonstances qui les ont fait naître, il sera
« souvent lu, tant qu'il existera en France des hommes libres et des
« ministres despotes. »

« venir la base de sa nouvelle constitution, qui, à son tour
« deviendra celle de la félicité du peuple, et de la prospérité
« de l'Etat.

« Déjà les députés du Vivarais, enflammés par le zèle pa-
« triotique, ont bravé les dangers des chemins et les glaces
« de l'hiver, pour porter au pied du Trône nos réclamations
« et en solliciter l'effet. Allez sans crainte, généreux citoyens,
« le Ciel dont vous servez la cause, en servant celle de la
« justice et de l'humanité, veillera à la conservation de vos
« jours ; vous trouverez la récompense de vos fatigues dans
« la gloire de vos succès, et dans l'estime et la reconnais-
« sance de votre Patrie ; et ces succès peuvent-ils être in-
« certains, lorsqu'on a un bon Roi, de bons ministres, de
« bons droits et des Démosthènes pour les défendre !

« Déjà le bruit de nos demandes, retentissant comme un
« écho dans plusieurs diocèses voisins, y a excité les mêmes
« résolutions, dont nous aurons la gloire d'avoir donné l'exem-
« ple ; bientôt, se propageant avec rapidité, il ne formera
« qu'un cri général, répété dans toutes les parties de la
« province, dont la reconstitution deviendra la cause com-
« mune.

« Citoyens du Vivarais, que notre unanimité affermisse
« l'ouvrage de ces premiers élans du patriotisme, c'est notre
« concorde qui sera le salut, unissons nos vœux, nos voix,
« nos cœurs, nos intérêts pour solliciter du meilleur des mo-
« narques, une révolution que sa bienfaisance semble avoir
« elle-même préparée, qui sera la gloire de son règne, le
« bonheur de ses sujets et l'âge d'or de la France.

« Je suis avec respect etc... (1)

Signé : ESPIC »

---

(1) Procès-Verbal de l'Assemblée générale des trois ordres du Vivarais tenue à Privas en décembre 1788.—*A Bourg-Saint-Andéol*, 148 p.

Jean-André Espic était à la tête des membres du tiers état qui saluèrent avec enthousiasme la belle aurore de liberté qui se levait sur la France, et dont ils avaient été les vaillants prophètes. La lettre qu'on vient de lire est empreinte des sentiments les plus patriotiques.

Le 26 mars 1789, à l'Assemblée générale des trois ordres du Bas-Vivarais, tenue à Villeneuve-de-Berg pour l'élection des députés aux Etats généraux, Espic, qui représentait la communauté de Saint-Sernin, sous Aubenas, fut un des commissaires chargés de la rédaction du cahier des doléances du tiers état. Il fut aussi à la tête de la députation de cet ordre auprès de celui de la noblesse. Ayant pris la parole, il s'exprima ainsi :

« Messieurs,

« C'est aux premiers citoyens qu'il appartient de donner les
« grands exemples ; la soumission volontaire de votre ordre
« aux impôts, dont l'exemption survivant aux anciennes causes
« qui l'avaient établie, serait devenue un titre légitime, si le
« temps pouvait légitimer ce qui est contraire aux règles de la
« raison et aux droits du peuple, en est un bien précieux témoi-
« gnage. Les sacrifices coûtent toujours à l'intérêt personnel :
« vous venez de prouver, Messieurs, qu'il ne coûte rien à
« l'amour de son prince et de la Patrie. Cet acte de justice res-
« serrera entre tous les ordres les liens de l'union et de la con-
« corde qui deviennent plus nécessaires que jamais dans ces
« temps de perversité, où la vertu persécutée est forcée de lut-
« ter sans cesse contre les manœuvres obscures de l'intrigue,
« ou contre le trafic infâme d'une corruption honteuse. Je suis
« chargé par mon ordre de vous en faire mes remerciements ;
« vous ne conserverez pas moins, Messieurs, les distinctions
« et les honneurs qui sont dus à votre naissance et à vos
« vertus, dont ils sont la récompense : mais quels droits plus

« flatteurs encore ne venez-vous pas d'acquérir à notre
« amour, à notre respect et à notre admiration. » (1)

Le 3 avril, eut lieu le premier tour de scrutin pour l'élection des députés du tiers état ; sur 411 votants, Jean-André Espic obtint 397 voix et fut proclamé le premier des quatre députés. Avant de procéder à l'élection du second député, M. Espic se leva et remercia, en ces termes, l'assemblée :

« Messieurs,

On ne saurait être plus sensible que je ne suis à la grande
« marque de confiance dont vous venez de m'honorer ; les
« expressions sont trop faibles pour vous rendre les senti-
« ments dont elle a pénétré mon âme : mon repos, ma santé,
« ma vie entière, consacrés à vous témoigner ma reconnais-
« sance, pourront seuls vous convaincre de toute son étendue ;
« oui, Messieurs, muni des pouvoirs dont vous m'avez in-
« vesti, je porterai à l'assemblée de la nation, et je déposerai
« dans le sein paternel du meilleur des monarques, vos droits,
« vos vœux, vos oppressions, vos réclamations respectueu-
« ses, et j'atteste le Dieu auguste qui réside dans ce temple
« que dans cette mission glorieuse, comme dans tout le
« cours de ma vie, on verra dans ma conduite les sentiments
« d'un bon citoyen, qui aime son roi, son pays et dont le
« désir le plus ardent est le bonheur de tous ceux qui l'ha-
« bitent. » (2)

.*.

A l'Assemblée nationale, Espic fut absolument muet ; le *Moniteur*, du moins, ne le mentionne jamais dans les débats

---

(1) Procès-verbal de l'Assemblée générale des trois ordres du Bas-Vivarais, tenue à Villeneuve-de-Berg le 26 mars 1789. — A *Bourg-Saint-Andéol*, in-4°, 105 p.

(2) Procès-verbal.

parlementaires. Nous avons des raisons de croire qu'il ne jouissait pas d'une bonne santé. Le 6 juin 1790, pendant les élections départementales, M. Monteil, avocat à Privas, écrivait à son oncle Dubois-Maurin, député, une lettre dont nous avons extrait ce paragraphe :

« J'oubliais de vous dire qu'il fut fait lecture à l'assemblée d'une lettre de M. Espic, votre collègue, qui annonçait que le mauvais état de sa santé l'obligeait de demander un congé, sur quoi, M. Gamon fils, monta en chaire et soutint qu'il fallait envoyer son suppléant, attendu que le pays était privé d'un grand nombre de ses députés ; après de longs et assez violents débats, il fut convenu que le congé n'étant point absolu, et M. Espic ne le demandant que pour rétablir sa santé, il fallait lui écrire que l'assemblée était affligée de sa maladie et qu'elle faisait des vœux pour son rétablissement, espérant qu'il irait reprendre sa place aussitôt que ses forces le lui permettraient. »

M. Vital, mort nonagénaire en 1872, à Aubenas, possesseur du cabinet de notre avocat député, nous disait un jour :

« A l'Assemblée nationale, Espic se montra constamment l'ami d'une sage liberté, votant toujours avec le parti constitutionnel, tant qu'il n'entrait pas dans les voies violentes et injustes. » C'est peut-être pour cela qu'à un moment donné, pendant que se préparait l'insurrection de Paris, des 5 et 6 octobre 1789, Espic fut accusé, comme le marquis de Satillieu, de pactiser avec les ennemis de la liberté.

Dans une lettre de Madier de Montjau, un ardent royaliste, datée de Lyon, le 15 octobre 1789, et adressée au chef de la sénéchaussée de Villeneuve-de-Berg, nous lisons : « La difficulté qu'il y avait à écrire et à sortir de Paris, m'a obligé à me rendre la nuit à l'hôtel des diligences, d'où je fis part du projet que j'avais de venir en Vivarais instruire nos commettants de la vérité des faits. M. Espic approuva ce parti, fit une lettre qui devait être signée de tous nos collègues ; mais, soit prudence, soit crainte, M. Espic me dit qu'il fallait attendre encore quelques jours. Pour moi, Messieurs, qui prévoyais ce qui arriverait et combien il serait difficile de sortir de Paris et de Versailles, je me décidai à partir sur-le-champ. »

Nous avons sous les yeux une lettre du député Espic, que nous reproduisons textuellement : elle était adressée à M. Massis Cuchet, au Teil. Il est probable que c'était un cliché adressé à tous les maires ou délégués des communes du Bas-Vivarais.

« Versailles, le 3e 8e 1789.

Messieurs,

— Les bruits calomnieux que la malveillance a répandus contre moi m'ont imposé l'obligation de les détruire ; l'homme que vous avez honoré de votre confiance ne doit pas être suspect à ceux qu'il représente et vous doit fidélité et zèle : vous lui devez justice, protection et vengeance lorsqu'il est outragé ; je vous demande les deux premières dans ce moment, le temps viendra où je pourrai réclamer la troisième.

J'ai l'honneur d'être avec respect, Messieurs, votre très humble et très obéissant serviteur. »

Espic.

Cette lettre exprime, en quelques mots, les sentiments de la plus franche honnêteté politique ; ce sont les paroles d'un vrai patriote.

Après la session, Espic revint à Aubenas exercer sa profession d'avocat et défendit souvent des causes très importantes. Son cabinet, qui existe encore, contient un nombre considérable de documents intéressants sur le

Vivarais. Nous possédons une liasse d'un travail important qu'il avait fait sur les mercuriales « de la cour du bailliage du Vivarais, siège royal de Villeneuve-de-Berg ». Une partie concerne spécialement la ville d'Aubenas.

Espic mourut le 6 avril 1800. Voici son acte de décès :

« Le seize germinal, an VIII de la République Française, après midi, par devant moi, Pierre Roux, adjoint municipal et officier public de cette commune d'Aubenas.

« A comparu dans la maison commune le citoyen Jean-Louis Jouve fils, praticien dudit Aubenas, qui m'a dénoncé le décès du citoyen *Jean-André Espic*, ancien homme de loi dudit Aubenas, ex-député du département de l'Ardèche à l'Assemblée nationale constituante, âgé d'environ soixante-deux ans. Étant mort hier à trois heures après midi ; le décès duquel m'a été constaté par l'exhibition de son cadavre, qui a été inhumé en ma présence et de celle des citoyens Jean-Joseph Dupuy, secrétaire de l'administration municipale du canton d'Aubenas, âgé de trente-six ans, et Claude Jonas, propriétaire foncier, âgé de trente-un ans, tous les deux de cette commune.

« Signés avec moi et le comparant ».

Suivent les signatures. (1)

.'.

Jacques-Jean-Baptiste Espic, notaire, se maria le 26 décembre 1786, avec Magdeleine Suchet, fille d'Etienne Suchet, (oncle du duc d'Albuféra) et de dame Marie-Françoise Champanhet, de Largentière, sœur de Jean-Henri Champanhet, avocat, aïeul d'Hippolyte et d'Auguste Champanhet,

---

(1) C'est à l'obligeance de M. Forges, secrétaire de la mairie d'Aubenas, que nous devons les extraits de naissance et de décès du député Espic.

anciens députés. De ce mariage naquit Marie-Olympe Espic, mariée en 1812 avec Henri Verny, dont naquit Louise Verny, alliée en 1834 à Louis-Gabriel Cuchet, d'Aubenas.

Olympe Espic étant morte en 1818, Henri Verny se remaria, en 1822, avec Joséphine Deydier, sa cousine, par les Espic.

Portraits. — Il existe deux portraits inédits d'Espic à la Bibliothèque nationale: un dessin in-4°, sans nom d'auteur, et un autre in-8°, dessiné par LABADYE.

Le beau portrait placé en tête de cette notice a été dessiné par Maurice VASCHALDE, d'après une photographie du grand portrait sur toile que M. Victorin ABRIAL, à Saint-Martin-de-Valamas, possède et qu'il a eu l'obligeance de faire reproduire, pour notre livre, par M. Blain, photographe à Valence.

SAINT-MARTIN

DÉPUTÉ DU TIERS ÉTAT

Tous les biographes ont écrit que ce député était né au Monteil, près de Lamastre ; les recherches que M. le maire de cette commune a bien voulu faire nous ont démontré que c'est une erreur.

François-Jérôme Riffard SAINT-MARTIN naquit à Gilhoc, en 1745. Nous aurions voulu donner son extrait de naissance ; malheureusement, les registres de 1700 à 1764 manquent à cette commune. (1) Mais il est certain que Gilhoc fut son berceau, ainsi que l'a dit M. Seignobos, à la cérémonie de la translation des cendres de l'illustre général Rampon, gendre du député Saint-Martin, au cimetière de Gilhoc, le 5 septembre 1878.

D'un autre côté, nous le voyons figurer, comme propriétaire foncier à Gilhoc, sur la liste des 550 plus imposés parmi les plus forts contribuables du département de l'Ardèche. (2)

Saint-Martin fut reçu avocat au Parlement de Toulouse à l'âge de 22 ans. En 1789, avocat distingué à Annonay, il fut un des douze commissaires chargés de rédiger les cahiers de doléances du tiers état de la sénéchaussée d'Annonay. Le 23 mars, jour de l'élection des députés de cet ordre, M. Monneron aîné étant absent lorsqu'il fut élu second député, on

---

(1) Lettre de M. le maire de Gilhoc, du 21 avril 1889, qui nous apprend qu'en 1838 mourut « d^{lle} Duclos Saint-Martin, fille de feu Riffard Saint-Martin et de dame Girodon ; c'était la sœur de Riffard Saint-Martin, député. »

(2) *Placard.* — A Paris, de l'Imprimerie impériale, 1808.

procéda à un troisième tour de scrutin pour l'élection d'un suppléant. Sur 215 votants, Saint-Martin obtint 135 voix et fut proclamé député suppléant. Mais Monneron étant rentré quelques jours après,. pour aller occuper son siège à Versailles, Saint-Martin n'entra aux Etats généraux qu'à la fin de novembre 1789, en remplacement de l'abbé Dode, curé de Saint-Péray, qui avait donné sa démission à la suite des évènements du 6 octobre. Il entra en séance le 4 décembre.

Le 21 mars 1790, il dénonça le parlement de Toulouse comme ne voulant pas enregistrer les décrets favorables à la cause de la liberté. Il vota ensuite pour l'insertion, dans la Constitution, du décret qui excluait de tous emplois ou fonctions à la nomination du roi, les députés, quatre ans après leur sortie. Dans la séance du 25 avril 1790, il s'éleva avec énergie contre la protestation de Bergasse sur les assignats. Dans celle du 9 janvier 1791, il fit remarquer la nécessité d'accélérer par les soins d'une surveillance continue, la fabrication des nouveaux assignats ; demanda l'adjonction de quatre commissaires aux quatre déjà chargés de cette surveillance.

Saint-Martin combattit avec chaleur, à la tribune de l'Assemblée nationale, l'opinion contraire à l'établissement de la procédure par le jury, que soutenait un de ses collègues. Il se plaignit vivement de la pension accordée à l'historiographe Moreau, dont il critiquait le style adulateur.

Il démentit le bruit de l'armement de cinquante villes du Midi en faveur du roi et de la religion ; signala les chefs du *camp de Jalès* et les dénonça ensuite ; proposa d'autoriser les testateurs à disposer du tiers de leurs biens, contrairement à la motion de Mirabeau, tendant à l'égalité absolue des partages dans les successions. L'Assemblée ordonna l'impression du remarquable discours que Saint-Martin prononça sur cette question, discours dont les principes ont été proclamés et consacrés par le Code Napoléon.

Par les extraits que nous avons donnés des procès-verbaux des séances de l'Assemblée nationale, on a pu voir que Saint-Martin fut un des députés qui jouèrent un rôle très actif.

Pendant toute la durée de son mandat, il entretint une correspondance suivie avec M. Léorat-Picancel, curé d'Annonay. (1) Nous allons donner deux de ses lettres : ce sont les plus belles pages de sa biographie.

« Paris, ce 8 avril 1790.

« Monsieur,

« Il eut été à désirer sans doute qu'on n'eût pas fait frapper sur les terres le remplacement de la gabelle : je fis de mon mieux pour faire réformer sur ce point le projet du comité ; je vis le moment où mon amendement, auquel presque toute l'Assemblée avoit applaudi, alloit être décrété ; et je crois fermement qu'il l'auroit été, si M. de Cazalis et M. l'abbé Mauri qui parlèrent après moi dans les mêmes principes, s'étoient renfermés dans ma conclusion ; mais ils allèrent plus loin, et comme il ne s'agissoit que d'un remplacement provisoire de neuf ou dix mois, tous les amendements qu'il eut été fort long de discuter furent repoussés par la question préalable. Il est bien certain qu'il y aura l'an prochain un autre mode d'imposition : je ferai tous mes efforts pour qu'on établisse des impôts sur le luxe : celui du timbre est désiré de tout le monde.

« Ce n'est pas la faute de l'Assemblée nationale, mais celle de son comité ecclésiastique, si le sort des ministres du culte n'est pas encore fixé : moi-même je ne cesse de presser ce comité de faire là-dessus son rapport, et j'en reçois tou-

---

(1) Henri Léorat-Picancel, né à Annonay en 1741, fut un prêtre remarquable. Il a laissé un manuscrit intitulé : *Annales d'Annonay*.

jours la même réponse. *Le travail va être prêt* ; c'étoit pour le hâter, ce travail, et pour corriger la trop grande influence de quelques prélats, que nous avions renforcé le comité, de quinze membres, hier encore je m'y rendis, et il me fut assuré que le rapport seroit fait dans le courant de la semaine prochaine ; j'appris aussi qu'il étoit d'avis que la dime continuât d'être perçue cette année. Soyés assuré, Monsieur, que l'Assemblée nationale prendra toutes les précautions nécessaires pour que les pasteurs des églises soient bien payés ; je connois parfaitement quelles sont sur ce point les intentions de la majorité.

« Quoique je n'aie jamais goûté les vœux solennels de religion, je ne puis qu'applaudir à vos réflexions touchant les religieuses de votre couvent de Ste Marie, mais il me paroit très possible que cette maison soit conservée pour l'éducation publique des jeunes demoiselles : vous savez que l'art. 2 du 19 février déclare qu'il ne sera rien changé quant à présent à ces sortes de maisons.

« L'Assemblée nationale est convaincue, Monsieur, que la religion est le plus ferme soutien des Etats ; il n'y a eu qu'une voix là-dessus, lorsqu'on a touché cette matière ; mais au moment où fut faite la motion dont vous me parlés, elle étoit déplacée et insidieuse ; au reste, en s'occupant du sort des vrais ministres des autels, en décrétant que la congrue des curés ne pourroit pas être au-dessous de 1.200 livres, l'Assemblée nationale a bien hautement déclaré que la religion catholique est la dominante en France. Depuis longtemps les anti-révolutionnaires nous accusent d'irréligion ; mais remarqués, je vous prie, que dans ce parti l'on voit tous les prélats, tous les abbés dont les mœurs ont scandalisé le public, tandis que de notre côté, on ne voit que des prêtres, des religieux, dont la conduite est exemplaire : *Dom Gerle, Dom Breton,* le *curé de Sergi,* l'*abbé Siéyès,* l'*abbé Expilli,* etc., etc.

« Je trouve la contribution patriotique fort honnête : (1) et si toutes les villes rendoient à proportion autant, nos finances seroient bientôt réparées, pourvu qu'il n'y eût plus de *Livres rouges*. Je n'ai pas besoin de vous dire qu'on doit là dessus être fort indulgent à l'égard des artisans et autres personnes de cette classe.

« Si mes vœux et ceux de mes co députés étoient exaucés, Annonay obtiendroit tout ce qu'elle est en droit de demander.

Je pense que M. Chabert vous aura communiqué ma dernière lettre, où je lui ai parlé assés au long de l'article de la justice. Rien n'est encore décidé sur l'organisation judiciaire.

« Dud' à 10 h. du soir.

« Ce matin il ne m'a pas été possible de finir ma lettre avant l'heure de l'Assemblée ; en rentrant dans la salle j'ai rencontré un membre du comité des dixmes (c'est une section du comité ecclésiastique), il m'a dit qu'il avoit en poche le travail de ce comité, et qu'il n'étoit question que de lui obtenir la parole. La chose n'a pas été difficile. Le comité des finances ayant proposé le projet de décret que je joins ici, le troisième article nécessitoit, pour ainsi dire, le rapport de celui concernant les dixmes ; j'ai donc demandé que M. Chassé fût entendu, et ma motion a été accueillie. Les journalistes vous donneront ce projet de décret ; je me contente de vous dire que s'il est adopté, comme je l'espère, vous aurés 2.400 livres de portion congrue et vos deux vicaires 800 livres chacun. Chaque département aura son

---

(1) La ville d'Annonay avait envoyé, le 28 septembre, une adresse à l'Assemblée nationale pour offrir le centième des biens de ses habitants, ou pour s'engager à fournir tout autre subside qui serait jugé convenable. On ne s'en tint pas à de vaines promesses ; la majorité des citoyens donna au moins le quart de son revenu et les ecclésiastiques poussèrent l'exactitude jusqu'au scrupule. — Le don patriotique d'Annonay s'éleva à la somme de quatre-vingt mille francs. L'abbé Filhol — *Histoire d'Annonay* t. 11, p. 10.

évêque, aussi réduit à la portion congrue, dont la moindre sera de 1.000 livres. Les dixmes se percevront cette année pour la dernière fois.

« Je viens de dire que j'espère que ce projet sera adopté, mais je n'entends pas qu'il doive l'être sans amendements ; il me paroit même qu'il doit y en être fait de très considérables.

« Je finis, Monsieur, en vous assurant que la religion aura toujours en moi un vrai et sincère défenseur, que vos lettres me sont doublement agréables, et parce qu'elles m'instruisent, et parce qu'elles me sont des témoignages non équivoques de l'attachement et de la confiance dont vous m'honorés.

« Recevés, je vous prie, ceux de l'entier et respectueux dévouement avec lequel je ne cesserai d'être, Monsieur, votre très-humble serviteur. »

SAINT-MARTIN. »

« M. Léoral de Picansel. »

Suit un P. S. très élogieux sur le marquis de Satillieu, que nous avons déjà donné.

Voici maintenant la seconde lettre.

« Paris, ce 18 juillet 1790, 11 h. 1/2 du soir.

« Monsieur,

« Je vois, par votre dernière lettre, que vous n'approuvés ni notre décret sur le clergé, ni celui de la noblesse héréditaire, il me seroit pourtant aisé, ce me semble, de vous convaincre qu'ils sont l'un et l'autre très bons et très sages, mais mes occupations ne me permettent pas de me livrer, en ce moment, à cette discussion ; je me réserve de le faire de vive voix lorsque j'aurai eu le plaisir de vous embrasser.

« Jamais spectacle plus magnifique que la fédération du 14, mais acteurs et spectateurs se trouvoient trop fatigués par la pluie et les longues courses au milieu des boues, sans pouvoir se livrer à toute l'allégresse qu'inspiroit ce grand jour ; c'est aujourd'hui que cette allégresse a éclaté ; chaque quartier de Paris présentoit une fête différente, et partout régnoit la joie la plus vive ; elle a redoublé à l'illumination des rues. Oh ! si vous les aviés parcourues avec moi, si vous aviez vu les danses de la Bastille, de la Halle aux bleds, des Champs-Elisées, de la place de la Grève, etc, etc, vos pinceaux que j'ai trouvés un peu rembrunis, se seroient éclaircis sans doute ; je scai bien que les bons citoyens ne sont pas encore sans inquiétude, je scai bien que les ennemis de la Constitution sont en grand nombre, et plus que jamais dangereux ; je scai bien aussi que l'abus de la liberté peut, si non empescher, du moins beaucoup retarder les heureux effets de la Révolution ; mais de tous les malheurs qu'on peut redouter, le plus grand selon moi seroit de retomber sous l'ancien régime. Je me hâte d'en venir à l'affaire de votre chapitre.

....

« J'ai vu, avec bien d'intérêt, nos chers compatriotes députés à la fédération, mais je n'ai fait, pour ainsi dire, que les entrevoir ; chacun de nous ayant des occupations différentes, nous n'avons pu nous réunir qu'une seule fois. MM. Dayme, de Canson, et de Brézenaud sont partis au moment où les fêtes sont devenues plus gaies et plus curieuses.

J'ai l'honneur,

SAINT-MARTIN. »

. .

Le 1ᵉʳ janvier 1792, eut lieu l'installation solennelle du Tribunal criminel de Privas — Saint-Martin en fut nommé président. Il prononça, à cette occasion, un discours dont voici deux passages remarquables :

« O mes chers concitoyens ! fermez l'oreille à toute insinuation qui tendrait à faire germer dans nos cœurs, des semences de haine et de discorde ; n'écoutez pas surtout ces disciples de Mathan, ces prêtres hypocrites et sanguinaires, dont la bouche ne s'ouvre que pour vous tromper.

« Ils vous crient que, dans ses décrets sur le clergé, l'Assemblée nationale a attaqué la Religion ; comme si c'est attaquer la Religion que de séparer de la morale évangélique et des dogmes révélés, tout ce que l'esprit de domination et de cupidité des prêtres et des moines y avoit mêlé de terrestre et d'impur ; comme si c'est attaquer la Religion que de rétablir l'ordre des choses observé dans les premiers siècles de l'Église, et faire tourner au profit de la société entière, et principalement au soulagement du peuple, ces biens immenses qui, pour la plus grande partie, n'étoient sortis de ses mains, que par des fourberies exercées sur sa crédulité et son ignorance ; ces biens qui, presque tous, ne servoient aujourd'hui qu'à alimenter le luxe scandaleux ou la crapuleuse oisiveté d'une classe d'hommes non moins inutiles à la Religion qu'à la Société, et trop souvent la honte et le fléau de l'autre ; comme si c'est attaquer la Religion que d'assurer un salaire abondant à ses vrais ministres : comme si c'est attaquer la Religion enfin, que de vouloir désarmer ses deux ennemis les plus terribles, la superstition et le fanatisme.

....

« Que le crime tremble et pâlisse ! que le citoyen honnête et paisible se rassure ! c'est aujourd'hui que commence le règne de la justice : elle va s'asseoir à côté de la liberté, pour rendre son trône inébranlable.

« Nous, ses ministres, nous venons de jurer à la loi une fidélité inviolable, et nos serments ne seront pas vains ; nous ne verrons sur la terre d'autre maître qu'elle ; nous n'écouterons d'autre volonté que la sienne ; nous mourrons, s'il le faut, plutôt que de souffrir qu'elle soit violée avec impunité. Chargés des fonctions de la Société, les plus importantes, comme les plus délicates par leur objet, puisqu'il s'agit de prononcer sur l'honneur et la vie de nos semblables, nous recueillerons toutes les forces de notre âme, nous nous affermirons dans notre rigide ministère, par la seule considération que c'est cette inflexible sévérité qui assure le repos public, et fait jouir l'innocence de ses droits ; que l'homme de bien ne sauroit dormir en paix, là où le glaive de la justice n'effraie plus le crime.

« Et puis, n'aurons-nous pas des devoirs de bienfaisance et de miséricorde à remplir ? La justice ne nous charge-t-elle pas de l'intérêt de l'accusé ? Ne nous commande-t-elle pas de lui fournir avec le plus grand soin, tous les moyens de se justifier ? Et si nous sommes les organes de la loi pour prononcer ses vengeances, ne le sommes-nous pas aussi pour proclamer le triomphe de l'innocence ? »

.·.

Élu à la Convention par le département de l'Ardèche, Saint-Martin vota pour la détention du roi. Proscrit d'abord avec les Girondins, il échappa à la vengeance des Montagnards. Le 1er avril 1795, il accusa Pinet, son collègue, d'avoir été le bourreau de l'Ardèche, et d'y avoir commis des horreurs. Il demanda qu'on assimilât, aux militaires des armées, les citoyens blessés le 13 vendémiaire, en défendant la Convention.

Élu au Conseil des Cinq-Cents, il en sortit en 1799 pour aller siéger au Corps législatif, où il fut envoyé deux fois. La seconde fois, le 1er mai 1809, il fut nommé, avec Fressenel, par le Sénat-Conservateur, sur la proposition qui lui en avait été faite, en 1808, par le département de l'Ardèche. Le 18 février 1813, il fut nommé vice-président du Corps législatif. (1)

---

(1) *Moniteur*.

Il avait été nommé juge au tribunal de Cassation, en 1797, et juge au tribunal civil de la Seine, en 1804. (1)

Saint-Martin mourut à Paris en 1814, laissant une fille, qu'il avait mariée avec le général Rampon, le héros de Montelegino.

Portraits. — 1. Dessin in-8°, par PERRIN, à la Bibliothèque nationale.

2. — PERRIN del., COURBE sculp. (Collection Dejabin) reproduit en tête de cette notice.

---

(1) Soliman Lieutaud. — *Liste des portraits des députés à l'Assemblée Nationale de 1789.* — Paris, 1854.

GUYON DE PAMPELONNE

DÉPUTÉ SUPPLÉANT DE LA NOBLESSE

La maison de Pampelonne, d'origine fort ancienne, possédait en Vivarais plusieurs terres considérables et résidait au château de Rambaud en Barrès. Aujourd'hui, ses représentants habitent au château de Pampelonne, près de Rochemaure.

Guillaume, seigneur de Pampelonne, bailli de Privas, joua un rôle important au commencement du XVIIe siècle.

Une grande agitation était survenue à Privas parmi les religionnaires, à l'occasion du projet de mariage de Paule de Chambaud, veuve de leur chef René de La Tour Gouvernet, avec Claude de Hautefort, vicomte de Cheylane; quelques centaines de réformés se réunirent dans la ville. La cour de Toulouse délégua M. de Masnaud, qui arriva en Vivarais comme pacificateur et entra à Privas en 1619, escorté par un détachement de catholiques conduits par Guillaume de Pampelonne. Sa présence contint les agitateurs et les consuls de la ville firent leur soumission au délégué.

Guillaume fut envoyé à Chomérac en qualité de commandant, et défendit cette place contre Alexandre de Forest de Blacons, chef des protestants, qui vint l'assiéger quinze jours après le combat de St-Vincent-de-Barrès, où Guillaume de Pampelonne avait payé de sa personne et valeureusement combattu. Il tenait les assiégeants en échec et les aurait peut-être obligés à se retirer, lorsqu'un coup d'arquebuse lui cassa la cuisse et le força à capituler lui-même, ce qu'il fit honorablement, sortant de la place le 14 octobre 1621, avec les honneurs de la guerre.

Le zèle qu'il déploya ne lui fut point pardonné : l'année suivante, son château de Pampelonne devint le but de la vengeance des protestants, qui profitèrent de son absence pour en brûler une grande partie. Sans tenir compte de cette perte, l'énergique soldat vendit des terres, leva une compagnie et courut à Montpellier se mettre au service du roi, après avoir préposé des garnisons à la défense de son château de Miraval et de ce qui restait de celui de Pampelonne.

D'après un placet qu'il présenta à Louis XIII, le 15 octobre 1622, ses dépenses, à cette occasion, s'élevèrent à 30,000 livres, dont l'état du trésor royal ne permit pas le remboursement. 3,000 livres seulement lui furent comptées, mais le roi lui témoigna, par une lettre du 7 janvier 1624, combien il était satisfait de sa conduite. (1)

Guillaume de Pampelonne avait épousé, le 24 avril 1605, Louise de Saurin, dont il eut cinq enfants.

En 1656, les États du Vivarais accordèrent à son fils Jacques 1,200 livres, en dédommagement de ses frais de poursuites contre plusieurs sorcières qui infestaient le pays, et notamment contre Marianne Leyriasse, qui avait jeté un sort sur M*** de Pampelonne, et fut, pour ce fait, condamnée au feu et brûlée vive à Villeneuve-de-Berg, où plusieurs membres du présidial de Nîmes étaient venus pour la juger. (2)

Jacques-Joseph, baron DE PAMPELONNE, arrière-petit-fils du précédent, naquit le 6 janvier 1738, à St Martin-l'Inférieur. Il était fils d'Antoine de Pampelonne et de Marie-Anne de Fages de Rochemure ; embrassa la carrière des armes, devint major au corps royal d'artillerie, et chevalier de Saint-Louis ; épousa, le 22 décembre 1776, Marie-Charlotte de Vidaud-la-Tour, fille de Gabriel de Vidaud-la-Tour, baron

---
(1) H. Deydier, — *Notes.*
(2) *Procès-verbaux des États du Vivarais.*

d'Anthon, conseiller du roi, procureur général au parlement du Dauphiné, mort à Orange sur l'échafaud révolutionnaire, installé sous l'arc de Marius, et de dame Jeanne de Galet, fille du marquis de Mondragon.

Il fut en 1789, nommé commissaire pour vérifier les titres des nobles réunis à Villeneuve-de-Berg, pour l'élection des députés, et fut élu député suppléant, avec le marquis de Jovyac. (1)

Jacques-Joseph de Pampelonne mourut le 30 octobre 1789, peu de temps après l'ouverture des Etats généraux, laissant un fils, qui épousa, le 10 octobre 1809, Ernestine d'Agoult dont il eut :

1° Jean-Joseph, baron de Pampelonne, officier d'infanterie, maire de la commune de St Martin-l'Inférieur, représenta pendant 18 ans, le canton de Rochemaure au Conseil général. Il mourut le 15 novembre 1879 : ses funérailles furent celles d'un homme de bien.

2° Antoine-Victor de Pampelonne, lieutenant de vaisseau, né vers 1815, mort à Valence le 27 janvier 1881. Il avait épousé, en 1848, Mlle d'Indy, dont il eut plusieurs enfants, entre autres un fils, qui habite Valence et représente aujourd'hui l'ancienne famille de Pampelonne.

Armes : Parti, au 1 d'azur à la tour crénelée d'argent et maçonnée de sable, soutenue par deux lions d'or et accompagnée en pointe de trois badelaires d'argent à la garde d'or posés en face, qui est de Guyon : au 2 de gueule à la bande d'or chargée de huit points de sable et accompagnée de trois fleurs de lis d'argent, *alias* de gesses, 2 en chef, 1 en pointe qui est de Geis. DEVISE : *Vis unita fit fortior*. (2)

---

(1) *Procès-verbal de l'Assemblée tenue à Villeneuve-de-Berg.*
(2) L. de La Roque.

De PAMPELONNE, archidiacre.

Député aux États généraux de 1789.

Administrateur des monnaies en 1814.

Mort à Paris en 1820.

DE PAMPELONNE

Archidiacre de Viviers

DÉPUTÉ DU CLERGÉ

Antoine-Jacques de PAMPELONNE, frère du précédent, né vers 1750, à Saint-Martin-l'Inférieur, archidiacre et chanoine de Viviers, (1) fut élu député suppléant aux Etats généraux, par le clergé de la sénéchaussée de Villeneuve-de-Berg ; mais M. de Savine, évêque de Viviers, qui avait été nommé le premier député, par 116 voix, contre 112 données à l'abbé Malosse, n'ayant pas accepté le mandat, ce fut l'abbé de Pampelonne qui le remplaça.

Dans le procès-verbal de la séance de l'Assemblée nationale, du 1er juillet 1789, nous lisons : « M. Mathias, rapporteur du comité de vérification, dit que M. l'abbé de Pampelonne, suppléant, nommé à la place de M. l'évêque de Viviers, député du clergé de Villeneuve-de-Berg en Vivarais, avait présenté ses pouvoirs en forme et sans contradiction et une déclaration de M. l'Evêque de Viviers, contenant que sa santé ne lui permettant pas de se rendre à l'Assemblée, il renonçait en tant que de besoin à sa qualité de député.

« L'Assemblée a arrêté que M. de Pampelonne prendrait séance, ce qu'il a fait. » (2)

Le 4 février 1790, il fit partie d'une députation de soixante membres, décrétée pour porter au roi une lettre de remerciement d'être venu à l'Assemblée et d'y avoir fait une déclaration des plus patriotiques.

---
(1) L. de La Roque.
(2) *Procès-verbal de l'Assemblée nationale, imprimé par son ordre*. Paris, Baudoin, t. XLI.

Comme son évêque, il prêta serment à la *Constitution civile du clergé*, mais il ne fut pas des premiers, et nous avons des raisons de croire qu'il hésita. Le 27 décembre, sur la proposition de l'abbé Grégoire, soixante-trois députés ecclésiastiques prêtèrent le serment ordonné par le décret du 27 novembre : nous voyons l'abbé Chouvet, curé de Chomérac, figurer sur cette première liste. A dater de ce jour, à chaque séance, il y avait des prestations de serment.

A la séance du 4 janvier 1791, un député prit la parole et dit que le délai prescrit par les décrets pour la prestation du serment des députés ecclésiastiques, fonctionnaires publics, étant expiré, l'Assemblée devait prendre des mesures promptes et efficaces pour parvenir à l'entière exécution de la loi. Après une longue discussion, l'Assemblée « chargea son président de porter au roi l'extrait des procès-verbaux des séances, depuis le 27 décembre dernier, et le prier de donner des ordres pour la prompte et entière exécution du décret du 27 novembre dernier envers les ecclésiastiques, fonctionnaires publics, membres de l'Assemblée, qui n'avaient pas prêté le serment prescrit par ledit décret ; sauf à ceux qui étaient retenus hors de l'Assemblée nationale, par maladie ou absence légitime, à faire valoir leur excuse dans le délai de quinze jours, en faisant ou en envoyant leur serment. » (1)

Or, voici ce que nous lisons dans le procès-verbal de la séance du 8 janvier : « M. Pampelonne, député du département de l'Ardèche, a demandé et obtenu un congé de huit à dix jours, pour affaires pressantes. » A cette date, il n'avait pas prêté serment, et les détails que nous venons de rapporter indiquent bien qu'il hésitait ; le congé qu'il demandait n'avait pas d'autre but que celui de lui permettre de prendre conseil. Mais il le prêta à sa rentrée. (2)

---

(1) *Procès-verbal*, t. XLII.
(2) Son compatriote, l'abbé Soulavie, se présentait deux jours après (le 10 janvier) à l'Assemblée, où il fut admis, pour remettre une

L'abbé de Pampelonne vota constamment avec la gauche et marcha sur les traces de son évêque, dans les idées révolutionnaires. Il le devança même dans sa « renonciation patriotique ». Un décret de la Convention autorisait les corps administratifs à recevoir et à faire parvenir, au comité d'instruction publique, les déclarations, hommages et sacrifices des ecclésiastiques.

Voici la lettre que l'abbé de Pampelonne adressa au Conseil général d'administration du département de l'Ardèche :

« Paris, 20 brumaire, l'an II de la République une et indivisible.

Antoine Pampelonne, aux citoyens administrateurs du département de l'Ardèche.

« J'ai exercé la profession de marchand, dès 1790 ; je n'ai jamais reçu de pension de la nation, je ne possédois rien du tout, quand j'ai pris le parti conforme à mon opinion et à mon goût pour l'indépendance. Mon vœu étoit écrit sur ma conduite. Je n'ai donc plus à remplir que les formalités d'une renonciation entière. Je la fais aujourd'hui dans les mains des administrateurs : ainsi, papiers ecclésiastiques, arrérages de pension, pension elle-même, tout se confondra dans la masse de l'intérêt commun. Je vous prie, citoyens, de consigner cet abandon dans votre procès-verbal, et de vouloir bien m'en faire donner copie certifiée.

Signé : ANTOINE PAMPELONNE.

« P.-S. J'ai écrit qu'on cherche les papiers, et qu'on vous les adresse, si on peut les trouver ; je ne les ai pas vus depuis plusieurs années.

« J'ai écrit également au receveur du district du Coiron,

---

adresse au nom des ecclésiastiques de la paroisse de Saint-Sulpice, contenant leur serment et une soumission entière et sans restriction à la loi.

pour qu'il vous envoye le certificat qui atteste que je n'ai jamais reçu de pension. »

« L'assemblée applaudit aux sentiments exprimés dans cette lettre, et en arrête à l'unanimité la mention civique et l'insertion au procès-verbal ;

« Arrête en outre que, par son président, des extraits de la présente délibération (du 3 frimaire an II) seront adressés, tant au citoyen Pampelonne qu'à la Convention nationale. » (1)

Sait-on qui présidait cette séance ? C'était le « citoyen Savine ». L'élève était devenu plus fort que le maître ; le patriotisme de l'archidiacre devait empêcher l'évêque de dormir. A la séance extraordinaire du 11 frimaire, présidée par le citoyen Darnaud, l'évêque Savine déclara qu'il renonçait à tout traitement, salaire et pension ; puis il déposa en offrande, sur le bureau de l'assemblée, tous ses ornements épiscopaux, après avoir prononcé un discours qui fut inséré au procès-verbal, imprimé et adressé à toutes les communes, ainsi qu'à tous les ecclésiastiques du département.

. .

Antoine de Pampelonne vint à Lyon en 1792 et y établit une fonderie de canons, qui fut ensuite transportée à Valence. En 1794, il fut envoyé par la Convention à Constantinople, pour y établir une fonderie de canons aux frais et pour le compte de la Porte ; il en revint à l'époque de la rupture avec ce gouvernement. De 1799 à 1804, il siégea au Corps législatif.

En 1806, il fut nommé chef de division des hôpitaux au Ministère de la guerre, et bientôt après chevalier de la Légion d'honneur. (2) Le 6 décembre 1814, « une ordonnance royale

(1) Procès-verbal de la quatrième session du conseil général d'administration du département de l'Ardèche, séant à Privas — A Privas, P. Guillet, imprimeur, 1793.
(2) Biographie moderne. 4 vol. in 8° — 1806.

nomma M. Pampelonne, ex-membre de la Direction des Hôpitaux militaires, administrateur des monnaies. » Il mourut en 1820, à Paris : c'est constaté par une autre « ordonnance royale du 2 août 1820, nommant M. Lemonnier administrateur des monnaies, en remplacement de M. Pampelonne décédé. » (1)

Il s'était marié avec la fille d'un gouverneur de Belfort, (2) dont nous n'avons pu découvrir le nom.

.·.

Nous avons eu bien de la peine à nous procurer des renseignements sur cet abbé député : les prêtres à qui nous nous sommes adressé ont été d'une réserve excessive. Quant à sa famille, l'ayant toujours considéré comme n'en faisant plus partie, du jour où il abjura sa foi, elle n'a pu nous donner que peu de renseignements, et nous savons qu'elle est peu fière de cette illustration, qu'elle a rayée de son tableau d'honneur.

Nous avions écrit à M. le maire de Saint-Martin-l'Inférieur, pour le prier de nous adresser l'extrait de naissance du baron de Pampelonne et de son frère l'abbé : notre lettre est restée sans réponse.

Portraits — 1° Portrait peint sur toile, de grandeur naturelle, à Rochemaure, maison des Combes (Appartient à M. de Fontaine de Logère, à Montélimar).

2° M. Dubois, ancien magistrat, à Thueyts, possède un petit portrait mal dessiné, avec ces mots au bas : *Moustier* h. 1834.

---

(1) Lettre de M. Ruau, directeur général des monnaies, datée du 6 février 1889.

(2) Renseignement fourni par M. le comte de Grille, gendre de M. de Pampelonne, décédé en 1879

3° Le beau portrait, placé en tête de cette notice, est la reproduction de celui, inédit, de la Bibliothèque nationale : Il a été dessiné par notre frère, Maurice VASCHALDE.

CERICE FR.^s MELCHIOR
Cte de Vogüé
Mar.^{al} de Camp ez Armées du Roi
Gouverneur de Montmedy
Né au Ch.^{au} de Vogüé en Vivarais en 1732
Député de Villeneuve de Berg
Aux Etats Gén.^{aux} de 1789

LE COMTE DE VOGÜÉ

DÉPUTÉ DE LA NOBLESSE

La maison de Vogüé est une des plus anciennes du Languedoc. Elle tire son nom du château et du village de Vogüé, situés sur la rive gauche de l'Ardèche.

Le nom des seigneurs de Vogüé est essentiellement attaché à celui de l'histoire du Vivarais. Depuis un temps immémorial, ils possédaient aussi la seigneurie et le château de Rochecolombe, placé au S. E. de Vogüé, sur les bords de leurs terres.

Rochecolombe est le nom que portait particulièrement le chef de la famille, jusqu'à ce que Melchior de Rochecolombe quitta le vieux manoir habité par ses ancêtres, pour aller se fixer à Vogüé où ils avaient eu leur berceau, que les guerres civiles les avaient obligés d'abandonner pour se renfermer dans la sauvage maison forte de Rochecolombe, plus facile à défendre contre des attaques renouvelées fréquemment.

Les seigneurs de Rochecolombe ne possédaient Vogüé qu'en partie; ils y avaient pour co-seigneurs les Rochemure du Besset, et les du Roure de Beaumont de Brison. Melchior de Rochecolombe acheta les droits des premiers vers 1600, et ceux des seconds en 1623. Ce fut alors que, devenu seigneur unique de Vogüé, il fit, vers 1611, réparer le vieux château, auquel il joignit un vaste corps de logis, flanqué de grosses tours aux quatre angles, avec une belle avenue plantée de marronniers, dont le magnifique feuillage masquait les rochers abruptes et arides qui s'élèvent perpendiculairement derrière l'habitation seigneuriale. C'est aussi à partir de cette époque que le nom de Vogüé se substitua peu à peu à celui de Rochecolombe.

En 1084, vivaient Bertrand de Vogüé et Bermonde sa femme, qui firent des donations pour la fondation du monastère de Saint-Martin, de la Villedieu.

En 1191, Raymond de Vogüé fit partie de la troisième croisade et prit part au siège de Ptolémaïs, ainsi que le prouve un acte d'emprunt de 85 marcs d'argent, contracté dans le camp formé devant les murs de cette ville. (1)

Les seigneurs de Vogüé ont toujours pratiqué un libéralisme bien entendu. Nous en trouvons plusieurs exemples dans l'histoire de cette famille.

Le 8 des kalendes de novembre 1250, Raymond II de Vogüé déchargea ses hommes de Lanas et de Saint-Maurice, de toute taille et subside. La veille des kalendes d'avril 1293, son fils accorda à ses vassaux de la Chapelle une exemption de toute taille et servitude, en raison de leur fidélité et des dangers qu'ils avaient courus à la guerre pour lui et ses ancêtres.

Son fils Raymond, IV° du nom, confirma cet acte d'émancipation.

.·.

Le plus illustre des Vogüé est Melchior, premier du nom, qui fut colonel d'infanterie, gouverneur de Bagnols, chevalier de l'ordre de Saint Michel en 1604, et gentilhomme ordinaire de la chambre du roi. Il se distingua dans bien des combats pendant toute la période des guerres religieuses. Son nom et son régiment sont relatés dans toutes les affaires importantes. Son fils ainé ayant été blessé à mort le 10 avril 1621, dans la plaine au dessous de Lagorce, en commandant une compagnie du régiment de son père, chargé de défendre un poste au siège de Vallon, il tomba mortellement frappé

---

(1) J° Macellarii n°°.

sous les yeux de son père, qui lui cria : souvenez-vous de Dieu, mon fils ! Je mets mon entière confiance en lui, répondit celui-ci en expirant, et Melchior se maintint avec avantage au poste qu'on lui avait confié, jusqu'à ce qu'on fût venu le relever pour rendre les honneurs funèbres à un fils qu'il aimait tendrement. (1)

Melchior se fit remarquer, avec son second fils, au combat de Saint-Germain, livré le 24 avril 1628, contre les troupes du duc de Rohan qui battait en retraite pour se retirer de Privas du côté de Vallon. (2)

En 1632, réuni à la noblesse du Vivarais à l'assemblée du Bousquet, il refusa de suivre le parti du duc d'Orléans, ne voulant pas unir son épée à celles des ennemis du roi.

Melchior, devenu seigneur unique de Vogüé, rétablit et agrandit le château pour y faire son séjour, ses ancêtres l'ayant depuis fort longtemps quitté pour résider à Rochecolombe, qu'on a depuis laissé tomber en ruines. Il employa ses loisirs à la rédaction d'un manuscrit intitulé : *Trésor des maisons de Vogüé et de Rochecolombe*. (3)

Par son testament du 21 septembre 1641, (4) il fit plusieurs legs pieux et une pension de 45 livres pour le précepteur d'une école qu'il avait fondée à Vogüé ; donnant 1500 livres de pension à sa femme et son habitation au château, et instituant Georges son héritier universel.

Melchior avait épousé, le 13 août 1597, Dorothée de Lévis de Montfaucon, dont il eut neuf enfants, (5) entre autres Georges de Vogüé qui suit.

---

(1) *Commentaires du soldat du Vivarais*, p. 51. *Mémoires de Cérice de Vogüé*.
(2) *Commentaires*. p. 202.
(3) *Mémoires de Cérice de Vogüé*.
(4) Samuel Deydier, not. à Lanas.
(5) *Mémoires de Cérice de Vogüé*.

Georges de Vogüé, capitaine au régiment de Montréal en 1620, commandait, en 1628, un bataillon du régiment de son père, au combat du 4 avril livré à St-Germain pour empêcher la retraite du duc de Rohan ; maître de camp le 8 août 1632, il devint bailli du Vivarais en 1649. Après avoir longtemps servi avec distinction et s'être employé à la pacification des partis, à l'époque de la sédition des paysans du Bas-Vivarais dirigés par Jacques Roure, de la Chapelle, il se retira à Vogüé, où il s'occupa avec succès d'agriculture et de l'exercice de la charge de lieutenant des maréchaux de France.

Le 1er octobre 1635, il avait épousé Françoise-Catherine de Grimoard de Beauvoir du Roure, fille de Jacques, comte du Roure, maréchal de camp et de Jacqueline de Modène Montlor, sœur de Marie de Montlor, maréchale d'Ornano. Par ce mariage, Georges de Vogüé devint le cousin germain d'Anne d'Ornano, femme de François de Lorraine, prince d'Harcourt. (1) Le contrat fut passé au château d'Aubenas par Claude Raimbaud, not. de Vogüé et Jacques Marin, not. d'Aubenas, en présence de haute et puissante dame Marie de Montlor, veuve de Jean-Baptiste d'Ornano, maréchal de France ; de François d'Ornano, seigneur de Mazargues, frère du maréchal, et de Scipion du Roure, frère de la mariée. (2)

. .

Cérice-François de Paule, marquis de Vogüé, petit-fils du précédent, prit part au combat qui eut lieu à Vagnas contre les Camisards, en 1603. Il alla bientôt en Allemagne avec son régiment, assista à la prise du vieux Brisach, se fit remarquer au siège de Landau et y courut de grands dangers. Il revint en Vivarais au commencement de 1704, fit une expédition dans les Boutières avec M. de Julien, qui mit en fuite les Camisards à Pranles.

---

(1) H. Deydier, *Notes généalogiques*.
(2) *Mém.* de Cérice de Vogüé.

Cérice, étant pour toujours revenu à Vogüé, fut bientôt nommé colonel d'un régiment de bourgeoisie, ainsi que MM. de Jovyac et des Hubacs. C'est à cette époque, en 1705, qu'il épousa Marie-Lucrèce de Tournesi de Poussan, dont il eut onze enfants. Il se remaria vers 1728 avec Marianne-Catherine de Serres, dont il eut encore trois enfants. (1)

Cérice de Vogüé possédait trois des douze baronnies du Vivarais : celle de Montlor, acquise en 1699 par son père, celle d'Aubenas qu'il acquit du prince d'Harcourt, le 4 avril 1716, par acte reçu Chèvre et de la Balle, notaires au Châtelet de Paris, et celle de Saint-Remèze, acquise du même prince. Il fit transférer le titre de celle-ci sur Vogüé, qui se trouva de tour la première fois le 28 mai 1722. (2)

Cérice de Vogüé occupa les loisirs des dernières années de

---

(1) De La Roque.
(2) L'auteur des *Souvenirs de l'Ardèche* (t. II, p. 116) dit qu'il « aurait désiré que la famille de Vogüé fût entrée dans le château d'Aubenas par une tout autre porte que celle qu'un coup de carte heureux avait ouverte devant elle en lui donnant, au lansquenet, les terres de Montlaur, d'Aubenas et de St Remèze » M. O. de Valgorge et après lui M. Chabalier ont trop légèrement accueilli un commérage. Elzéar de Vogüé, joueur de piquet aussi heureux que savant, gagna quelques sommes à ce jeu pendant sa campagne d'Italie en 1745, et il fut plus tard prétendu, par une confusion des temps et des lieux, que les terres susdites avaient été gagnées au prince d'Harcourt à Paris. On oublia que les gains vrais ou supposés d'Elzéar ne dataient que de 1745, et que son père, Cérice, avait acquis Montlor en 1699, Aubenas et St Remèze en 1716, au prix de 360,000 livres. Pour s'acquitter de cette somme, Cérice n'avait pas compté sur des gains de jeu faits 29 ans plus tard. Ces terres furent payées par le produit des ventes de celles de Poussan, de Tournezy, en Languedoc, et de la baronnie de Champétières en Auvergne.

Du reste, l'article d'Ovide de Valgorge sur Aubenas contient d'autres erreurs. Il donne une fille à Marie de Montlor, de son mariage avec le maréchal d'Ornano, et la fait épouser par le prince d'Harcourt, le joueur malheureux ; or, Anne de Montlor, la femme du prince, était la nièce de la maréchale d'Ornano.

sa vie à rédiger des mémoires sur ses campagnes et sur les événements où son nom avait figuré.

Il mourut à son château de Vogüé le 26 juin 1739. Par son testament, du 16 mars 1732, il institua Elzéar, pour son héritier universel ; légua à Félix, Hyacinthe, Charles, Charlotte et Pauline de Vogüé 25,000 livres à chacun, ajoutant un don de 20,000 livres pour Félix et autant pour Hyacinthe. (1)

* *

Charles-François-Elzéar, marquis de Vogüé, fils du précédent, naquit à Vogüé, le 14 juillet 1713. A peine âgé de seize ans, il entra le 7 janvier 1729 dans la 1re compagnie des mousquetaires de la garde, et le 1er décembre 1730 il obtint une compagnie de dragons au régiment d'Arménonville. Le 10 janvier 1732, il épousa Marie-Magdeleine de Truchet de Chambarlhac. A l'occasion de ce mariage, des fêtes magnifiques furent données à Vogüé et à Aubenas.

De 1732 à 1735, il fit la campagne d'Italie, assista à la bataille de Parme et à celle de Guastalla, fut placé en 1736, à la tête du régiment d'Anjou cavalerie ; chevalier de Saint-Louis en 1744 ; lieutenant des armées du roi en 1758. Envoyé à l'armée du Rhin le 8 avril 1761, il se distingua le 4 juillet à l'arrière-garde de l'armée, emporta, le 10, la redoute de Scheidingen, chassa le 19, un corps de 3,000 hommes qui occupait Lembs, et le 3 septembre il entra dans le poste de Dorstein dont la garnison fut faite prisonnière.

Par une lettre très flatteuse, le roi l'appela, en 1762, à remplir la charge de maréchal général des logis des armées des maréchaux d'Estrée et de Soubise. En 1764, il eut le commandement de l'Alsace, et, le 2 novembre 1777, le roi le nomma commandant en chef du comté de Provence. L'année suivante, par lettres patentes du 2 février, il fut nommé che-

---

(1) Forestier, not. à Pradelles.

valier du Saint Esprit et Louis XV lui remit de sa main le collier de l'ordre. (1)

A l'occasion de cette haute distinction, une grande fête fut donnée au marquis de Vogüé par la ville d'Aubenas. Il allait être nommé maréchal de France, lorsqu'il mourut à Aubenas, le 15 septembre 1782, laissant quatre enfants, entre autres, Cérice-François-Melchior, notre député aux Etats généraux en 1789, dont nous allons donner la biographie.

Voici l'acte de décès du marquis de Vogüé, que nous avons copié textuellement sur les registres de la Mairie :

« L'an mil sept cent quatre-vingt deux et le quinzième
» jour de septembre est mort à dix heures du soir, après
» avoir reçu tous les sacrements de l'Eglise, très-haut et
» très-puissant seigneur messire Charles-François Elzéar
» de Vogüé, marquis et baron de Vogüé, lieutenant général
» des armées du Roi, chevalier de ses ordres, gouverneur
» de Montmédy, commandant en chef en la province de
» Provence dans la partie de la cavalerie et des dragons,
» seigneur et baron de cette ville d'Aubenas, comte et baron
» de Montlor et seigneur d'autres lieux, âgé d'environ
» soixante-neuf ans, et a été inhumé le dix-sept, à la grand'
» messe de la paroisse, dans son caveau situé dans la
» susdite paroisse Saint-Laurent, en présence de messire
» Géral François Degondar, chevalier de l'ordre du Roy,
» et monsieur Louis Maurin, M⁰ apoticaire de cette ville,
— signés avec nous. » (2)

---

(1) *Mémoires* de Cérice de Vogüé.

(2) Cet acte *officiel* du décès et de l'inhumation du marquis de Vogüé, en 1782, ne ressemble en rien au récit de M. Delichères, retrouvé dans ses papiers achetés, il y a deux ou trois ans, par M. Charles-Léon Rostaing, et compulsés par le Dʳ Francus, qui a publié ce récit invraisemblable : à savoir qu'on fit dessouder le couvercle du cercueil du maréchal d'Ornano, inhumé en 1616, pour y placer le corps du marquis de Vogüé.

Cérice-François-Melchior, comte de VOGÜÉ, naquit à Vogüé le 1ᵉʳ décembre 1732.

Voici la copie textuelle de son acte de naissance.

« L'an mil sept cent trente-deux et le quatrième décembre,
« je soussigné curé de Vogüé, ay ondoyé dans la chapelle
« du château de Vogüé un fils de messire François-Elzéar
« marquis de Vogüé et de dame Magdeleine de Tuchet, en
« conséquence de la permission à nous accordée par
« monsieur Melchior, grand-vicaire de ce diocèze, lequel fils
« naquit le premier décembre de l'année ; présents : messire
« Louis Gévaudan, curé et official d'Aubenas, messires
« Jean-Joseph-Thomas de Colonne, Claude-François de
« Sauzet, et François Barthélemy, soussignés. »

« Ont signé : VOGUÉ, VOGUÉ, GÉVAUDAN, COLONNE, DE SAUZET, BARTHÉLEMY et SERVIN, curé. »

En marge de cet acte, on lit : « Les cérémonies du Bap. ont été rappelées le 23ᵐᵉ May 1734 et a été nommé *Cérice-François-Melchior.* » (1)

Il entra jeune, ainsi que son frère Florimond-Innocent, dans le régiment de Vogüé cavalerie, et le commandait en 1759, comme mestre de camp, dans l'armée du maréchal de Courtades. A la bataille de Meinden, ils combattirent sous les ordres de leur père, qui commandait la cavalerie française. Les deux frères furent blessés et faits prisonniers.

Echangé et guéri, Cérice-François continua à servir et arriva au grade de maréchal de camp en 1780. Après la mort de son père, il le remplaça comme gouverneur de Montmédy, au pays Messin.

Il s'était marié une première fois, en 1763, avec Mˡˡᵉ de Sourches, fille du Grand Prévôt de France, qui mourut sans postérité en 1765. Il épousa ensuite, en 1779, Catherine

---

(1) Nous devons la copie de cet acte à l'obligeance de M. Gimond, maire de Vogüé.

Bouhier de Versalieux, fille d'un président du Parlement de Bourgogne. Son frère, Jacques-Joseph-François de Vogüé, était évêque de Dijon. (1) Cette double circonstance l'attira à Dijon, où il fit de fréquents séjours. Il n'en resta pas moins mêlé à tous les événements qui intéressaient la province de Languedoc, et surtout le pays de Vivarais. Possesseur de quatre des douze baronnies de ce pays, qui donnaient entrée aux Etats généraux du Languedoc, celles de Vogüé, Montlor, Aubenas et Joyeuse, il siégeait dans cette assemblée et présidait à son tour les Etats particuliers du Vivarais. (2)

En même temps il s'occupait activement de l'administration de ses domaines; encourageait la plantation des mûriers autour d'Aubenas ; engageait de fortes sommes pour fonder des verreries dans la terre de La Nocle, en Nivernais, terre qu'il tenait de l'héritage du duc de Villars. (3)

Quand se produisit le grand mouvement réformateur qui précéda la Révolution, le comte de Vogüé s'y associa; il prit part aux délibérations qui aboutirent aux deux arrêtés des trois ordres du pays de Vivarais, des 27 octobre et 18

---

(1) Cet évêque de Dijon mourut à Aubenas en 1787, cinq ans après son père. Voici son acte de décès et d'inhumation que nous avons copié à la mairie d'Aubenas :

« L'an mil sept cent quatre-vingt-sept et le seiziesme jour de fé-
« vrier est décédé, après avoir reçu les sacrements de l'Eglise,
« messire Jacques-Joseph-François de Vogüé, évêque de Dijon,
« conseiller du Roy en ses conseils, premier conseiller honoraire au
« parlement de Bourgogne, commandeur des ordres royaux de
« Saint-Lazare et de Notre-Dame-du-Mont-Carmel, âgé d'environ
« quarante-sept ans, et a été inhumé le lendemain dans le cavot
« (sic) de sa famille, placé dans l'église paroissiale Saint-Laurent
« de cette ville, présents: M. Jean Enjolras, Laprade, prêtre, et
« M. Louis Bellot, ecclésiastique, — signés. »

(2) L. de La Roque. — Armorial, t. 1er.

(3) François de Vogüé, qui avait été aide de camp du maréchal de Villars et cornette au régiment d'Allègre, embrassa plus tard l'état ecclésiastique, et fut connu sous le nom d'abbé de Vogüé.

décembre 1788; signa ces deux actes remarquables, d'un libéralisme si sage et si ferme, qui préludèrent à la rédaction des cahiers de 1789.

Voici la lettre qu'il écrivit, le 30 décembre 1788, au comte de Balazuc, président des trois ordres du Vivarais à l'assemblée tenue à Privas :

« A Dijon, le 30 décembre 1788.

On m'a envoyé, mon cher cousin, la copie des délibérations prises à l'assemblée de Privas, dont je n'ai été instruit que depuis environ huit jours, sans savoir de quoi il devoit être question ; mais je me réfère à ce que je vous avois précédemment marqué qui étoit d'adhérer à tout ce qui y seroit résolu pour l'avantage du pays, parce que ce vœu l'emporte chez moi sur tout autre. M. Roussel, qui m'a fait passer la susdite copie, m'a marqué que vous avez bien voulu manifester pour moi, à l'Assemblée, ma façon de penser, je vous en fais tous mes remerciements, et s'il est encore temps de sanctionner mes sentiments à cet égard, dans le verbal de la susdite Assemblée, je vous serai très obligé de les y faire inscrire. »

Signé : Vogüé.

Le 30 janvier 1789, M. Espic, secrétaire des trois ordres, écrivait au comte de Balazuc, président :

» Approuverez-vous, Monsieur le comte, que dans la liste des adhésions qui seront mises à la suite des arrêtés de l'Assemblée de Privas, je mentionne l'assurance que vous lui avez donnée, que M. le comte de Vogüé, propriétaire de quatre baronnies du Vivarais, vous avoit écrit qu'il adhéroit d'avance à toutes les résolutions qui y seroient prises pour le bien et l'avantage du Pays ; il est bien juste de ne pas ravir à ce seigneur la gloire et le mérite d'avoir donné aux autres barons l'exemple, sinon du sacrifice absolu des privilèges de ses baronnies, au moins de toute démarche pour les défendre, et de son vœu porté aux pieds du Trône, de voir rendre à son pays le droit naturel, et le seul constitutionnel, de s'administrer lui-même, et de lui voir reconquérir ce droit par l'anéantissement des siens propres ? »

Signé : Espic.

Le 4 février, le comte de Balazuc répondait à M. Espic : « J'ai envoyé à M. Roussel la copie de la lettre du comte de Vogüé, en confirmation de la première dont j'ai eu l'honneur de parler à notre Assemblée : il mérite une place distinguée parmi ceux qui sacrifient plus d'intérêt au patriotisme et à leur amour pour leur pays ; j'ai l'original en mon pouvoir, et vous pouvez citer tout ce que j'ai dit à cet égard. »

Ces lettres font le plus grand honneur au comte de Vogüé, et l'on comprend que la sénéchaussée de Villeneuve-de-Berg ait envoyé siéger aux Etats généraux un noble aussi libéral.

Ce ne fut que le 27 juin qu'il se réunit au tiers état pour la vérification des pouvoirs en commun, marchant d'accord avec ses collègues, le comte d'Antraigues et le marquis de Satillieu. Leurs pouvoirs furent validés à la séance du premier juillet.

Le comte de Vogüé émigra dans le courant de 1792 ; tous ses biens furent confisqués. Sa seconde femme étant morte laissant deux enfants mineurs, Charles et Philippe de Vogüé, ceux-ci conservèrent leurs terres situées en Bourgogne. Il séjourna en Suisse, puis à Fiume en Autriche, luttant contre de terribles difficultés ; rentra secrètement en France en 1801, et obtint sa radiation, mais non la restitution de ses biens.

Il s'établit en Bourgogne, à Chevigny, tout près de Beaune, au château appartenant à ses enfants ; s'y lia avec la famille de Damas, qui habitait Commarin, près de Dijon, et maria son fils Charles, en 1802, avec Zéphirine de Damas, fille unique de Charles, créé duc de Damas d'Antigny en 1825, et de Marie Aglaé de Langeron. Cinq ans après son mariage, le 10 octobre 1807, Charles de Vogüé se tua d'une chute de cheval, laissant deux fils : le marquis Léonce de Vogüé et le comte Charles de Vogüé. (1)

Notre député se remaria vers 1802, avec Sophie de Divonne, fille de Claude Antoine et d'Antoinette de La Tourrette, (2) et ne quitta plus guère Chevigny, où il mourut le 16 décembre 1812. Voici son acte de décès :

« L'an mil huit cent douze, le dix-sept décembre, heure de
« huit du matin, par devant nous, Luc Domino, maire et
« officier de l'État-civil de la commune de Chevigny, canton
« de Beaune sud, département de la Côte-d'Or, sont compa-
« rus, monsieur Charles-Emmanuel-Alexis-Fortuné de la
« Forest de Divonne, âgé de quarante deux ans, demeurant à
« Besançon, de présent à Chevigny, ami du décédé, ci-après
« dénommé, et monsieur Simon Estienne Morelot, âgé de
« soixante-deux ans, docteur en médecine, demeurant à
« Beaune, aussi ami du décédé; lesquels nous ont déclaré
« que hier, heure de dix du soir, Monsieur *Cérice François*
« *Melchior de Vogüé*, âgé de quatre-vingts ans, ancien
« officier général des armées françaises, demeurant audit
« Chevigny, époux de dame Marie-Louise-Pernette-Sophie
« de la Forest de Divonne, vivante, demeurante audit lieu :
« i celui, né le deux décembre mil sept cent trente-deux, à
« Vogüé, département de l'Ardèche, est décédé hier heure de
« dix du soir, en sa maison où nous nous sommes transporté
« et assuré de ce décès. Et les déclarants ont signé avec
« nous le présent acte après qu'il leur en a été fait lecture.

« Ont signé au Registre : Charles de Laforest Divonne,
« Morelot Dr, et Domino, maire. » (3)

───────────

(1) Nous devons ces renseignements à l'obligeance de M. le marquis de Vogüé.

(2) L. de La Roque.

(3) Ce document nous a été adressé par M. le maire de Chevigny.

Léonce-Louis-Melchior marquis de Vogüé, grand d'Espagne de 1re classe, petit-fils du député aux Etats généraux, né le 4 mai 1803, entra au service en 1825, comme sous-lieutenant de cavalerie, prit part à l'expédition d'Espagne et assista, en 1830, au siège d'Alger. Après la Révolution de juillet, il donna sa démission pour ne pas prêter serment à Louis-Philippe et se livra dès lors tout entier à l'agriculture et à l'industrie. Il établit dans le Cher une fonderie importante.

En 1848, il accueillit la République, prit le titre de forgeron, dans ses circulaires électorales et forma, avec Félix Pyat, commissaire de la République dans le département du Cher, une sorte d'alliance pour le succès de leur double candidature à la Constituante. Nommé représentant du peuple par 14,321 voix, il fit partie du comité du travail ; vota avec le parti démocratique, contre les deux chambres, et pour l'abolition de la peine de mort, mais se prononça avec la droite pour toutes les autres questions. Après l'élection du 10 décembre, il soutint le gouvernement de Louis-Napoléon. Réélu à l'Assemblée législative, il fit partie de la majorité monarchique et vota la loi du 31 mai. Mais il se sépara de la politique de l'Elysée, et après le coup d'Etat du 2 décembre se retira dans ses propriétés.

Nommé représentant du Cher à l'Assemblée nationale, le 8 février 1871, par 52.000 voix, il siégea sur les bancs de la droite, vota constamment avec le parti monarchique et repoussa les lois constitutionnelles ; (1) après la séparation de l'Assemblée, il renonça à la vie publique. Il est mort à Paris, le 25 juin 1877.

Le marquis Léonce de Vogüé avait épousé, en 1826, Marie-Marguerite-Henriette de Machault, dont il eut cinq enfants, (2) entre autres, Charles-Jean-Melchior, qui suit, un des plus illustres descendants de l'antique famille de Vogüé.

---

(1) Vapereau. — *Dictionnaire des contemporains*, 1880.
(2) L. de La Roque.

Charles Jean-Melchior, comte, puis marquis de Vogüé, ne à Paris en 1829, tourna de bonne heure ses études vers l'histoire religieuse et les arts de l'Orient. Il fit, de 1853 à 1854, un voyage en Syrie et en Palestine, et ces pays devinrent l'objet de grandes publications qui le firent élire, en 1868, membre de l'Académie des inscriptions et belles-lettres, en remplacement du duc de Luynes.

Nommé ambassadeur de France à Constantinople, en avril 1871, il profita de son séjour en Turquie pour faire rechercher, dans les archives de l'ambassade et du consulat, l'état de la *Vénus de Milo*, lors de sa découverte en 1820 ; il retrouva une lettre constatant que les bras étaient cassés. Le 8 mai 1875, il passa à l'ambassade de Vienne, et donna sa démission lors de l'élection de M. Grévy à la présidence de la République.

Le marquis de Vogüé est commandeur de la Légion d'honneur depuis le 14 janvier 1879. (1) On cite de lui plus de dix ouvrages d'histoire et d'archéologie de la plus haute importance.

Son frère, Robert de Vogüé, lieutenant au 11ᵉ chasseurs, fut tué en 1870 à Reichshoffen.

.·.

Le 20 mars 1815, le comte Eugène de Vogüé, issu de Florimond-Annet-Innocent, chef de la branche *Vogüé de Gourdan* et frère cadet du député aux Etats généraux, se mit à la tête des royalistes de l'Ardèche : il établit son quartier général à Aubenas, alors boulevard de la légitimité dans ce pays, et marcha contre Privas pour y rétablir le préfet Saint-Ange d'Indy, que Napoléon avait remplacé par Lucien-Emile Arnaud, fils de l'auteur de *Marius à Minturnes* et de *Germanicus*. Le comte de Vogüé fut ensuite élu député à la presque unanimité de ses concitoyens, justes appréciateurs

---

(1) Vapereau. *Dictionnaire des Contemporains*. 1880.

de ses mérites et de son caractère aussi noble que bienveillant. En 1827, il fut nommé pair de France.

Au 20 mars 1815, son frère Charles, pair de France en 1823, était le fidèle compagnon du duc d'Angoulème, et se trouvait à ses côtés à Pont-Saint-Esprit. (1)

. .

Nous terminons cette notice par quelques lignes sur le nouvel académicien M. de Vogüé, petit-fils du comte de Vogüé, dont nous venons de parler.

M. le vicomte Eugène-Melchior de Vogüé est né à Nice le 24 février 1848, il n'a donc que 41 ans.

Il débuta dans la diplomatie comme attaché d'ambassade sous les ordres de son cousin issu de germain, (2) le marquis de Vogüé, archéologue distingué, alors ambassadeur à Constantinople. Six ans plus tard il était nommé secrétaire à Saint-Pétersbourg et occupait ce poste pendant six nouvelles années, sous les généraux Le Flô et Chanzy. C'est à ce moment, en 1878, qu'il épousa la sœur du général Annenkof, le créateur du chemin de fer à travers l'Asie centrale, terminé l'année dernière.

Pendant ces douze années de séjour en Orient et en Russie, M. de Vogüé avait beaucoup étudié la littérature russe, et il abandonna bientôt la diplomatie pour la littérature. Du reste, en 1876 déjà, il avait publié un livre de voyages: *Syrie, Palestine, Mont Athos*, et en 1880 une étude sur l'ancienne Egypte, intitulée : *Histoires orientales*. Depuis, il a donné successivement: le *Procès du Czarevitch* en 1884, *Histoire d'hiver* en 1885 ; et en 1886 son œuvre capitale , le *Roman russe*.

Il faut ajouter à ce bagage littéraire déjà considérable du lit-

---
(1) H. Deydier — *Notes*.
(2) Et non pas son oncle, comme l'ont écrit plusieurs biographes. Nous tenons ce renseignement du nouvel académicien lui-même.

térateur-gentilhomme, une collaboration assidue au *Journal des Débats* et à la *Revue des Deux-Mondes*, et des articles sur l'Allemagne et la question romaine qui ont été fort remarqués.

La place de ce gentilhomme écrivain était toute marquée à l'Académie française. Il y entra en novembre 1888, sans avoir eu de concurrent. Sa réception eut lieu le 6 juin suivant. Le récipiendaire prononça l'éloge de M. Nisard, qu'il venait de remplacer ; c'est M. Rousse qui lui répondit, et il le fit d'une façon charmante.

« Votre âge, monsieur, lui dit-il dans un passage de son spirituel discours, vous avez bien fait de ne pas nous le dire. C'est le seul peut-être de tous vos bonheurs que nous ne vous aurions pas facilement pardonné : qui sait même si cela n'aurait pas retardé de quelques jours votre précoce immortalité?.

« Mais aujourd'hui vous n'avez plus rien à craindre, et je peux vous trahir sans remords. Vous êtes né le 24 février 1848 — le soir d'une révolution — pendant qu'on faisait à Paris des barricades ; et sans qu'on puisse dire avec certitude si vous êtes venu au monde un peu avant la chute de la royauté, ou un peu après l'avènement de la République. »...

Beaucoup de personnes confondent le vicomte Melchior de Vogüé avec son cousin, le marquis de Vogüé, archéologue des plus éminents et ancien ambassadeur de France à Constantinople.

Le lieutenant Henri de Vogüé, frère du nouvel académicien, après avoir été blessé à Sedan, succomba en janvier 1871. Enfin, son cousin germain Joseph de Vogüé est tombé à Patay, dans le corps des zouaves pontificaux.

.•.

Le nom de Vogüé est encore aujourd'hui noblement porté. Dans les deux branches de cette famille, il semble qu'on ait gardé comme une tradition vivante des idées vraiment libérales exprimées de la manière suivante par Cérice-François, l'auteur des *Mémoires* déjà cités : « Mon intention n'est pas de m'étendre beaucoup sur la noblesse, dont je fais peu de cas lorsqu'elle n'est pas soutenue par la vertu, dont j'aimerais bien mieux laisser des exemples à mes enfants que de vains titres, qui ne serviraient qu'à les déshonorer, s'ils n'y répondaient pas par leurs sentiments ou par leurs actions. » (1)

Les Vogüé n'habitent plus le Vivarais, mais ils ont voulu y laisser des souvenirs de charité et de bienfaisance. Le château, qui tombait en ruine, a été restauré par eux, et ils en ont fait don à la commune pour y installer la mairie et les écoles. Une belle esplanade, que Melchior fit planter de marronniers, forme une promenade devant le château.

Armes : d'azur au coq d'or le bec ouvert, barbé et creté de gueule. — DEVISE : *Sola vel voce leones terreo*. — CRI DE GUERRE : *Fortitudine et vigilantia*.

Portraits — 1° Dessin de *Labadye* à la Bibliothèque nationale.

2° Portrait gravé par *Voyez* (collection Dejabin), c'est celui que nous avons fait reproduire : il est devenu rare.

---

(1) Albert du Boy — *Album du Vivarais*.

D'HILAIRE
Marquis de JOVYAC

DÉPUTÉ SUPPLÉANT DE LA NOBLESSE

L'ancienne famille de Jovyac prenait son nom du fief et château de Jovyac, situé aux bords du Rhône, près de Rochemaure. Elle fut connue d'abord sous le nom d'Hilaire, et jusqu'à nos jours elle s'est distinguée non moins par les armes que par ses alliances. Plusieurs branches se sont répandues en Dauphiné, en Provence, en Languedoc, en Berry et en Poitou, et celles qui sont restées en Vivarais sont les branches de Jovyac, de Champvert et du Teil.

Elles paraissent toutes descendre de *Jean Hilaire*, qui fut blessé le 19 septembre 1356, à cette désastreuse bataille de Poitiers, où le roi Jean fut fait prisonnier par les Anglais, après avoir vu périr la principale noblesse de son royaume, déjà décimée à Crécy le 26 août 1346. Elles furent déclarées nobles de race par jugement du 2 janvier 1698. (1)

Jacques d'Hilaire de Jovyac, gentilhomme ordinaire de la chambre du roi, capitaine de cent hommes d'armes, servit avec distinction sous les règnes de Henri III, Henri IV et Louis XIII, il avait abjuré le calvinisme en 1606, et composa plusieurs ouvrages de controverse, entre autres *l'Heureuse conversion des huguenots à la foi catholique*, imprimé à Lyon en 1608, et dédié à Henri IV. Ce prince l'honora de ses lettres ; dans une, le roi lui dit qu'il sait, suivant le temps *mettre aussi bien la main à la plume qu'à l'épée* (2).

---

(1) Biblioth. nationale — *Manuscrit*.
(2) L. de La Roque, t. II.

Son arrière-petit-fils, Jacques d'Hilaire, qualifié de marquis de Jovyac, fut commandant pour le roi en Vivarais, député de la noblesse aux États du Languedoc. En 1702, il présida les Etats particuliers du Vivarais, se distingua dans les guerres de son temps, particulièrement en Catalogne et en Savoie. Il avait épousé, le 5 février 1687, Françoise de Lagniel, dont il eut cinq enfants.

Son petit-fils, **Jean-Antoine d'Hilaire de Toulon, marquis de Jovyac** (notre député), colonel aux grenadiers de France en décembre 1762, chevalier de Saint-Louis en 1763, colonel d'artillerie en 1778, brigadier des armées du roi en 1780, maréchal de camp en novembre 1781, fit partie de la noblesse réunie le 26 mars 1789 à Villeneuve-de-Berg, sous la présidence de M. de Balazuc. Il fut nommé premier suppléant des députés élus par la noblesse pour aller siéger aux États généraux.(1) Commanda, en émigration, la brigade de gentilshommes d'Auxerrois, fut employé diplomatiquement auprès des souverains du nord.

Paul 1ᵉʳ, empereur de Russie, le nomma chevalier de l'ordre de St-Jean-de-Jérusalem.

Le 14 mars 1769, il avait épousé Pierrette-Marguerite de Raugrave, dont il eut deux enfants, un fils et une fille.

Jean-Antoine de Jovyac mourut le 10 juin 1805.

Son fils, Hyacinthe-Théodore-Jacques-Alexandre-Joseph, né à Lyon le 6 avril 1775, fut nommé, en 1811, commandant de la garde nationale de Montélimar et fit les campagnes de 1813 et 1814, en qualité de lieutenant-colonel chef de la première cohorte active des gardes nationaux du département de la Drôme. Il fit partie du conseil général de la Drôme jusqu'en 1830.

---

(1) H. Deydier — *Notes*.

Il mourut le 20 décembre 1852, laissant un fils et une fille. (1)

Son fils Alfred-Marie-Thérèse-Charles-Joseph, né au Teil le 2 avril 1813, membre du conseil général de l'Ardèche, mourut en 1881, le dernier de la famille, laissant deux filles de son mariage avec Mlle de Verdonnet. (2)

Ainsi s'éteignit par les mâles la très ancienne famille de Jovyac.

Armes. — Ecartelé, au 1 et 4 d'azur au lévrier courant d'argent, surmonté d'une tour de même, qui est de Jovyac; au 2 et 3 de sinople au cygne d'argent membré d'or, qui est de Toulon. — Devise: *Fays bien et laisses dire.*

---

(1) H. Deydier — *Notes.*
(2) L. de La Roque.

VACHER

DÉPUTÉ SUPPLÉANT DU TIERS ÉTAT

Jean-Baptiste-Louis VACHER, fils de Louis Vacher et de Magdeleine Defrance, naquit à Vesseaux le 22 mars 1750. Il eut pour parrain Jean-Baptiste de la Boissière, son cousin. Il fit ses études d'humanités au collège d'Aubenas, et sous la direction de son père il s'adonna de bonne heure à l'étude des lois ; prit le grade de bachelier en droit civil et en droit canon à l'Université de Toulouse, le 8 juillet 1771, le grade de licencié en droit à la même Université le 1ᵉʳ juillet 1772, et il fut reçu avocat au parlement de Toulouse le même mois.

Quand la sénéchaussée de Villeneuve-de-Berg fut créée, en 1780, Vacher y exerça les fonctions de juge conseiller du roi, depuis le 4 juillet 1781 jusqu'au 17 juillet 1790, qu'il fut nommé membre du directoire du département de l'Ardèche.

Le 6 avril 1789, le tiers état de la sénéchaussée de Villeneuve-de-Berg le nomma député suppléant aux États généraux. Le 6 septembre 1791, il fut élu député à l'Assemblée législative par le corps électoral de l'Ardèche, séant à Privas. Quoique ami des réformes nécessaires que demandait le vrai patriotisme, il fut l'ennemi constant des fureurs démagogiques de l'Assemblée législative.

Rentré dans la vie privée après la funeste journée du 10 août, il fut depuis lors, bientôt après la Terreur, juge au tribunal du district du Coiron, séant à Villeneuve-de-Berg, fonctions qu'il commença d'exercer le 24 frimaire an III. Le 27 vendémiaire an IV, il fut élu, par l'assemblée électorale, juge au tribunal de l'Ardèche et y resta jusqu'au 25 thermidor an VIII. Le 28 ventose an IX, nommé juge au tribunal de première instance à Privas, il en devint le président le 13 pluviose an XII, et exerça ses fonctions jusqu'en 1816, année de sa mort.

« Jean-Baptiste-Louis Vacher fut juge intègre, très versé dans la connaissance des lois, administrateur zélé pour la justice et pour son pays, et citoyen constamment dévoué à la chose publique. Ainsi que ses parents MM. Defrance, de Barruel et ses amis Dubois-Maurin, Espic, Delichères et Dalmas, il montra l'intelligence, la modération, l'amour des lettres unis à un noble patriotisme. Dans des jours difficiles, il chercha toujours à n'être que l'organe de l'équité et de la loi, et jamais celui des passions. » (1)

---

(1) Nous devons ces détails biographiques à l'obligeance de M. Eugène Villedieu, petit-neveu du député Vacher.

GÉRARD
Baron de MONTFOY

député suppléant du tiers état

Le 6 avril 1789, Gérard, baron de **MONTFOY**, bourgeois de Privas, fut élu second député suppléant du tiers état du Bas-Vivarais. C'est tout ce que nous savons sur ce personnage : il nous a été impossible de nous procurer quelques renseignements biographiques, si ce n'est une donation qu'il fit, le 22 mai 1787, devant M° Ducros, notaire royal de Villeneuve-de-Berg, « de la somme de trente mille livres à Dame Delatour de Babel, son épouse, payable après le décès dudit baron de Montfoy, mais reversible aux enfants qui naîtraient de leur mariage, de manière que dans ce cas ladite dame de Montfoy n'en aurait que la jouissance pendant sa vie. (1) »

Nous le voyons plus tard présider la séance du 23 prairial an V de l'Administration du département de l'Ardèche, et c'est tout.

---

(1) *Archives de l'Ardèche.*

MGR DE BERNIS

Archevêque de Damas

DÉPUTÉ DU CLERGÉ

François de Pierre de BERNIS, neveu du cardinal de ce nom, naquit à Nîmes, paroisse Saint-Castor, le 29 novembre 1752. Il était fils de messire François de Pierre de Bernis, page du roi et maréchal de camp, et de dame Anne-Rénée d'Arnaud de la Cassagne. De bonne heure, il entra au séminaire de Saint-Sulpice : c'était, comme aujourd'hui, la grande école d'où sont sortis tant d'illustres évêques. Il fut ensuite à Rome où résidait le cardinal de Bernis.

Sacré évêque d'Apollonie le 31 décembre 1781, dans l'église Saint-Louis-des-Français, par le pape Pie VI, il fut, trois ans après, nommé archevêque de Damas et coadjuteur de son oncle le cardinal de Bernis, archevêque d'Albi.

Le 16 mai 1789, il fut acclamé président de l'assemblée des trois ordres de la sénéchaussée de Carcassonne, et l'ordre du clergé l'envoya siéger aux États généraux.

Comme presque tous les évêques ses collègues, Mgr de Bernis combattit avec eux les doctrines dangereuses, repoussa les innovations téméraires, protesta contre les actes contraires au bien commun, et après avoir rempli jusqu'à la fin, avec autant de courage que de persévérance, ses fonctions de député du clergé, il se réfugia à Rome auprès du cardinal son oncle, auquel il eut la douleur de fermer les yeux le 2 novembre 1791.

Cette mort le rendit titulaire de l'archevêché d'Albi, mais la Révolution le retint à Rome, où il vécut, depuis ce moment, concentré dans ses regrets.

Le czar Paul I", empereur de Russie, qui, durant son séjour à Rome, avait reçu du cardinal de Bernis, ambassadeur de France, l'accueil le plus recherché, voulut témoigner à son malheureux neveu le souvenir qu'il en avait conservé, et offrit à l'archevêque d'Albi un asile à sa cour, en le nommant commandeur de l'ordre de Malte, dont il s'était fait le grand-maitre, afin d'en recueillir les débris, et en assurant au prélat, qui avait été reçu chevalier le 22 septembre 1777, une coopération importante dans l'administration de cet ordre et une existence honorable. La mort tragique de ce souverain, en 1801, la possibilité de revoir sa patrie et la douceur d'achever sa carrière auprès de sa famille, qui pressait son retour, déterminèrent Mgr de Bernis à rentrer en France.

Après avoir remis son archevêché aux mains du souverain pontife, il se retira près de Nimes, dans un domaine que lui avait légué un de ses parents, et y passa toute l'époque impériale. Il ne reparut à Paris qu'après la rentrée des Bourbons. Louis XVIII l'accueillit avec intérêt, et, lors du Concordat du 11 juin 1817, le nomma, le 8 août suivant, à l'un des premiers sièges de France, celui de Lyon. Ce fut lui qui, le 5 novembre 1816, célébra la messe du St-Esprit pour la rentrée de la cour royale de Paris. (1)

Des circonstances particulières ayant empêché que les bulles d'institution à cet archevêché lui fussent expédiées, il fut nommé, en juillet 1819, au siège métropolitain de Rouen. Le 1er février 1720, dans un mandement, il prit le titre de *primat de Normandie*.

En 1821, Mgr de Bernis fut nommé pair de France. Il mourut à Paris le 4 février 1823, après avoir été évêque pendant 42 ans. Il fut enterré à l'église Saint-Sulpice. Singulière coïncidence ! c'est un prélat d'origine ardéchoise, Mgr

----
(1) *La France pontificale.* — Paris, Repos.

de La Fare, archevêque de Sens, qui prononça son éloge à la Chambre des pairs, dans la séance du 25 février 1823.

. .

En avril 1876, le cardinal de Bonnechose, alors archevêque de Rouen, fit transporter son corps à la cathédrale de cette ville, en même temps que celui de son illustre prédécesseur, le cardinal de la Rochefoucauld, mort à Munster.

A l'occasion de cette double translation, la grande voix de Mgr Besson, évêque de Nimes, se fit entendre. Après avoir parlé du cardinal de la Rochefoucauld, il s'exprima ainsi : « Le bon cardinal vous obtenait d'être gouvernés par un autre lui-même : vous avez nommé Bernis, ce fut sous un nom qui n'était ni moins ancien, ni moins glorieux, le portrait vivant de sa fidélité, de sa modestie et de son tranquille courage. Au bas de ce portrait, on aurait pu écrire: le cardinal revit, le cardinal nous est rendu. *Redivimus! redivimus!* Nimes l'avait vu naître, et c'est une bonne fortune pour moi de citer ici une circonstance qui fait tant d'honneur à ma ville épiscopale.

« Saint-Sulpice l'a vu grandir dans la piété, et je salue encore une fois, dans cette école, la pépinière féconde de l'épiscopat français ; Rome l'a vu s'élever dans le palais si hospitalier d'un oncle connu de toute l'Europe, que les rois traitaient en égal, les papes en ami, et qui représenta dignement la France sous la pourpre.

« Devenu, à 29 ans, évêque d'Apollonie, Bernis reçoit l'onction sainte dans l'église de Saint-Louis. C'est là qu'elle devait couler plus tard sur le jeune évêque de Carcassonne, destiné, comme Bernis, à gouverner un jour l'église de Rouen. Mais l'église d'Albi obtint les prémices de son zèle, de sa douceur et de sa charité. Il la gouverna pendant six ans, en qualité de coadjuteur du cardinal de Bernis et avec le titre d'archevêque de Damas. Là, chacun vante son affabilité, sa bienséance, son amour du bien public.

« Le zèle avec lequel il défend les intérêts du pays ne permet pas de confier à un autre le soin de le représenter aux États généraux. Il ira, comme la Rochefoucauld, porté par les suffrages unanimes du clergé, s'asseoir dans cette assemblée fameuse qui doit mettre sa foi dans un nouveau relief.

« Les regrets des habitants d'Albi le suivent dans toute l'Europe, soit qu'il aille fermer les yeux au cardinal de Bernis que la Révolution avait dépouillé de son siège et de son rang d'ambassadeur, soit que les souverains les plus fameux de l'Europe, voyant en lui l'héritier et le successeur de leur cher Bernis, l'attirent à leur cour, le couvrent de leur protection et lui assurent une vie tranquille et honorée. Le czar veut compter parmi ses bienfaiteurs, mais ni les bontés de ce prince, ni les revenus que lui donne une commanderie de Malte ne sauraient le retenir hors de la France, sitôt que la France rouvre ses portes aux proscrits. Il a donné sa démission de son siège pour marquer sa soumission parfaite aux volontés du chef de l'église, et ce sacrifice ajoute encore aux charmes et aux vertus de la retraite. Le diocèse de Nimes l'a connu, et il en a admiré la résignation ; les pauvres de Ponthion l'ont béni, parce qu'il leur a valu d'abondantes aumônes et d'édifiants exemples.

« Mais la lumière ne demeura pas jusqu'à la fin cachée sous le boisseau. Quand les Bourbons, dont le prélat avait partagé l'exil, remontent sur le trône de leurs pères, chacun s'attendait à voir Bernis remonter sur un grand siège et achever sa vie sous la pourpre. Lyon l'a attendu, mais Rouen, plus heureux que Lyon, a possédé ses derniers jours.

« Vous vous promettiez d'en jouir longtemps encore, et ce diocèse pouvait tout attendre du crédit si mérité dont l'archevêque jouissait lui-même auprès du souverain. Déjà le titre de pair de France l'élève au premier rang ; la dignité de cardinal va mettre le comble à tous ces honneurs, et vous aurez le la Rochefoucauld tout entier. O vanité, ô néant des grandeurs humaines ! Bossuet le disait sous les voûtes de Saint-Denis. Bernis, invité à célébrer dans cette basilique fameuse l'anniversaire du 21 janvier, sera lui-même un exemple de nos vanités hautement confondues. Quand il monte à l'autel, la mort l'avait déjà marqué d'un signe : ce n'est pas la pourpre, c'est un linceul qu'il faut apporter pour lui. Les caveaux de Saint-Sulpice s'ouvrent à sa dépouille mortelle. Là, veille auprès de lui l'amitié d'un parent, en qui cette religieuse paroisse honore un vénérable pasteur, autre débris de l'ancien clergé de France ; là il attend en silence que les temps soient accomplis et qu'il puisse enfin revenir au milieu de vous pour y jouir de son sépulcre. »

Ce fut en avril 1876 que le corps de Mgr le cardinal de la Rochefoucauld, archevêque de Rouen, et celui de Mgr de Pierre de Bernis, furent transportés dans la cathédrale de Rouen. (1)

Armes. — D'azur à la bande d'or accompagnée en chef d'un lion passant de même, armé et lampassé de gueule.
Devise : *Armé pour le Roy.*

---

(1) Nous adressons ici l'expression de notre reconnaissance à M. le vicomte Charles de Bernis, à Nîmes, qui a bien voulu nous fournir les principaux éléments de cette notice, surtout l'intéressante relation de la translation du corps de Mgr de Bernis, son grand-oncle, dans la cathédrale de Rouen. Nous sommes d'autant plus heureux de cette communication que notre notice biographique est, croyons-nous, la première qui ait été publiée par un ardéchois, sur cet éminent prélat. Le docteur Francus, qui a publié un long chapitre sur le cardinal de Bernis, dans son *Voyage le long de la rivière d'Ardèche*, ne cite même pas le nom de l'archevêque de Rouen, son neveu ; il nous paraît en ignorer l'existence.

Portraits. — 1° *Labadye* del. in-8°, dessin à la Bibliothèque nationale.

2° *Labadye* del. ; *Letellier*, sculp., in-8°. Ce portrait, placé en tête de cette notice, est un des plus rares de la collection Dejabin. M. le vicomte Charles de Bernis possède un beau portrait qu'il a eu l'obligeance de faire reproduire à notre intention; nous regrettons que la photographie nous soit arrivée après le tirage de cette notice. Mais elle paraîtra dans le *Panthéon du Vivarais*.

MGR DE LA FARE

Évêque de Nancy

DÉPUTÉ DU CLERGÉ

La maison de la Fare était une des plus illustres du Languedoc, tant par son ancienneté que par ses possessions et ses alliances. Elle formait deux branches : celle des la Fare-Alais, qui a donné naissance au poète Charles-Auguste, marquis de la Fare, l'ami de Chaulieu, et celle de la Fare la Tour, co-seigneurs de Saint-Marcel d'Ardèche, d'où est sorti Henri de la Fare, évêque de Nancy, dont nous allons esquisser la biographie.

Anne-Louis-Henri de la FARE, naquit le 8 septembre 1752 à Luçon ; il était fils de Joseph-Louis-Dominique de la Fare, marquis de la Fare, par lettres patentes de 1754, et de Paule-Henriette de Gazeau de Champagné (1). Grâce à la protection du cardinal de Bernis, son parent, il fut nommé prieur de Donchery, abbé de Luques en 1783 ; il avait été successivement nommé grand vicaire de Dijon, général du clergé des Etats de Bourgogne, membre de l'Assemblée des Notables, et sacré évêque de Nancy, en 1787, lorsque le clergé de cette ville l'envoya siéger comme député aux Etats généraux en 1789. Là, il protesta contre toutes les réformes relatives au clergé, demanda, mais sans succès, que la religion catholique fût décrétée nationale ; vota contre l'octroi des droits de citoyens fait aux juifs, puis il émigra en 1791, se rendit à Vienne et devint, en 1793, chargé d'affaires de Louis XVIII et des princes français.

(1) L. de La Roque.

Cette même année, Henri de la Fare fut attaché, en qualité d'aumônier, à la fille de Louis XVI et chargé de négocier son mariage avec le duc d'Angoulême. De retour en France avec les Bourbons, en 1814, il devint successivement premier aumônier de la duchesse d'Angoulême, archevêque de Sens, en 1817, pair de France (1822), commandeur des ordres du roi, ministre d'Etat, et il reçut en 1823, de Pie VII, le chapeau de cardinal. Ce fut lui qui prononça, en 1825, le discours religieux par lequel s'ouvrirent les cérémonies du sacre de Charles X, à Reims. Il mourut à Paris le 10 décembre 1829, en laissant une fortune très considérable à Joseph-Gabriel-Henri, fils de son frère ainé, dont la postérité existe encore.

« Le cardinal de la Fare fut mondain dans la première partie de sa vie, se montra plus austère à partir de son séjour dans les pays étrangers. » (1)

Portraits. — 1° Dessin in-8°, par *Gros*, à la Bibliothèque nationale

2° *Labadye* del., *Voyez* sculp., in-8° (celui placé en tête de cette notice.)

3° Profil à gauche dans un médaillon rond, sur la tablette, 3 lignes.

4° A Sens, chez Thomas Malvin, gravure in-8°.

5° *Pie Mancion* del. et sculp. in-4°.

6° Dessiné par *Ed. Pingret*, 1822. lithog. in-fol.

7° Gravure sur bois dans l'*Histoire de la Révolution*.

Armes. — D'azur à trois flambeaux d'or allumés de gueule, posés en pal. — DEVISE : *Lux nostris hostibus ignis.*

---

(1) Larousse — *Dictionnaire.*

M. RIVIERE,
Lieutenant Général du Gévaudant
né à Pradelle en 1744.
Député de la Sénec.ssée du Gévaudant
à l'assemblée nationale de 1790.

RIVIÈRE

De Pradelles en Vivarais,

DÉPUTÉ DE LA SÉNÉCHAUSSÉE DE MENDE

François-Joseph RIVIÈRE naquit à Pradelles, le 8 février 1744, (1) ainsi que l'indique son extrait de baptême, que nous reproduisons textuellement :

« L'an mil sept cent quarante-quatre et le huitième du mois
« de février, est né François-Joseph Rivière, fils légitime à
« M. M⁰ Paul Rivière, avocat, et de demoiselle Antoinette
« Testut, mariés de la ville de Pradelles, et a été baptisé solen-
« nellement le même jour, dans l'église paroissiale, par nous
« vicaire de cette ville soussigné. Son parrain a été noble
« Jean-François Bouscharenc, seigneur des Chaumeils ; sa
« marraine, demoiselle Marguerite Rivière, sa sœur. Ont été
« présents : Antoine Enjolras et Vital Rieu illitérés, le
« parrain et marraine soussignés. — *Dechaumels, M·*
« *Rivière*, et *Benoit*, vicaire. (2)

Rivière se maria à Mende, en 1775. Il était lieutenant principal au bailliage du Gévaudan, lorsque le tiers état le nomma député aux États généraux en 1789. Il y défendit les intérêts de son pays avec beaucoup de zèle, surtout à l'époque de la division territoriale de la France.

---

(1) On sait qu'avant 1789 Pradelles faisait partie du Vivarais. La ville de Villeneuve-de-Berg adressa à l'Assemblée nationale une demande pour la conservation, dans le Vivarais, de la ville de Pradelles et lieux circonvoisins. (*Séance du 18 février 1790*).

(2) Nous devons cet extrait de naissance à l'obligeance de M. Moulin, secrétaire de la mairie de Pradelles.

Rivière et son collègue Charrier écrivaient un jour à l'administration : « Nous ferons l'impossible pour réaliser nos espérances. Ne doutez pas que nous n'employions tous les moyens possibles pour parvenir à ce but. Le Gévaudan, ajoutaient-ils, a des espérances, mais non la certitude d'avoir un département. Vous ne devez douter ni de notre zèle, ni de notre bonne volonté. »

Nos députés virent enfin leurs efforts couronnés de succès et le département du Gévaudan fut, le 5 février 1790, décrété par l'Assemblée nationale.

Le député Charrier écrivit au comité permanent de correspondance établi à Mende : « Je suis obligé de convenir que sans M. Rivière, vous n'auriez pas de département, par suite point de justice supérieure, point d'administration, point de chapitre, etc. »

En reconnaissance, la ville de Mende concéda à M. Rivière un filet d'eau de fontaine, pour l'usage de sa maison.

A son retour à Mende, en 1791, Rivière fut nommé procureur-général syndic du département de la Lozère. Forcé de quitter sa patrie, il se rendit à l'armée des Princes. Rentré en France, il fut successivement juge au tribunal de première instance de Mende; président de celui de Marvejols, et, depuis la Restauration, procureur du roi près le premier de ces tribunaux, et près la cour prévôtale de ce département.

Admis à la retraite, il fut encore choisi pour être à la tête de l'ordre des avocats.

Il mourut à Mende, le 31 juillet 1824, âgé de 84 ans, laissant deux fils restés garçons, et morts il y a environ une quinzaine d'années. Ainsi s'est éteinte la postérité du député Rivière. (1)

---

(1) Nous devons ces renseignements à M. Ferdinand André, archiviste de la Lozère, dont l'obligeance ne fait jamais défaut.

Portraits. — 1º *Perrin* del., in-8º, dessin à la Bibliothèque nationale.

2º *Perrin* del., *Courbe* sculp., in-8º (collection Dejabin), reproduit en tête de cette notice.

PIÈCES JUSTIFICATIVES

N° 1

ARRÊTÉ

des trois ordres du Vivarais, assemblés à Privas

Le 17 décembre 1788.

Nous soussignés, membres des trois ordres du pays de Vivarais, assemblés en la ville de Privas, et autres absens, mais adhérans par leurs signatures, persistant dans l'arrêté pris à Annonay, le 27 octobre dernier, avons considéré :

Que ce serait en vain que les membres de l'Assemblée générale de la Nation, auraient été librement élus, par un suffrage volontaire, si leurs opinions n'y étaient pas librement énoncées.

Que tout ce qui, dans cette auguste Assemblée, pourrait porter quelque atteinte au droit qu'a chacun de ses membres d'y manifester son vœu, la rendrait illégale dans son principe et nulle dans ses effets.

Que ce n'est que de la réunion de tous les suffrages que doit se composer la volonté générale.

Que l'influence de chacun d'eux, en particulier, doit être absolument la même.

Que chaque membre de l'Assemblée doit opiner, abstraction faite de l'ordre auquel il appartient, et sa voix être ainsi comptée.

Que s'il en était autrement, on serait exposé à voir adopter, comme générales, les opinions qui ne réuniraient pas en leur faveur la pluralité des suffrages.

Qu'il n'est pas possible de recueillir les voix collectivement pour chaque ordre.

Que ce serait établir une sorte de scission entre les différents ordres, tandis qu'il est essentiel, au contraire, que leurs membres respectifs ne se considèrent point comme faisant partie de tel ou tel ordre ; mais comme étant les représentans de la même nation.

Que ce serait détruire, entre les différens ordres, la proportion d'influence que réclame la justice.

Que quoiqu'il y ait trois ordres en France, il n'y a cependant que deux intérêts particuliers, qu'il serait juste de réduire à un seul, relativement aux charges publiques.

Que dans l'état actuel des choses, ces deux intérêts forment deux classes de citoyens, celle des privilégiés, comprenant le Clergé et la Noblesse, et celle des non privilégiés, qui renferme le Tiers état.

Qu'il est essentiellement juste que le Tiers état ait un nombre de représentans égal à ceux du Clergé et de la Noblesse réunis.

Que la proportion adoptée dans la formation des Etats de 1614, est absolument inadmissible.

Qu'il n'y a aucune raison valable pour que la Nation soit exclusivement soumise à s'assembler suivant cette forme, tandis que tous les principes de justice et d'équité en réclament une plus constitutionnelle et plus essentiellement nationale.

Considérant de plus, que les principes qui ont servi de base à l'arrêté d'Annonay, du 27 octobre, et qui dérivent des droits imprescriptibles des peuples, s'appliquent non seulement à la formation des États généraux, mais encore à celle de tout Corps représentatif, chargé de l'administration d'une société quelconque.

Que si les États généraux du Royaume, sont les représentans de la Nation, il en est de même, par rapport à chaque province, des États particuliers qui y sont établis.

Que s'il est de l'essence de toute représentation de ne pouvoir être faite, que par le libre choix de ceux qui doivent être représentés, il suit que tout Corps représentatif, qui n'est pas fondé sur cette règle inaltérable, est illégal dans son principe, abusif dans son organisation, illusoire dans ses effets.

Que s'il est un principe incontestable, c'est que nul ne peut disposer des intérêts de celui qui ne l'en a pas chargé.

Qu'ainsi il ne peut y avoir de représentans nés.

Qu'ainsi les motifs qui ont déterminé le Vivarais à réclamer le droit d'être représenté aux États généraux du Royaume, par des députés librement élus dans les trois ordres qui le composent, doivent lui imposer aussi la loi de réclamer une autre administration générale et particulière, que celle à laquelle il est soumis.

Que les États du Languedoc présentent, dans leur formation, une foule de vices anti-constitutionnels, essentiellement contraires aux droits incontestables des peuples, dont ils administrent les propriétés.

Que nul des trois ordres de la province n'y est également, ni suffisamment représenté.

Que les évêques et les barons, qui y représentent les deux premiers ordres reçoivent leur mission, les uns de leur dignité, les autres des prérogatives de leurs fiefs, qui forment une propriété héréditaire et vénale.

Que la représentation du tiers état n'y est formée que de l'assemblée de quelques maires élus non par l'universalité des citoyens, mais par les assemblées municipales des villes et à cause de certains privilèges inégalement dispensés.

Qu'ainsi, tandis que les deux premiers ordres sont soumis à une véritable aristocratie essentiellement contraire à la constitution de l'Etat, et aux intérêts communs du monarque et de ses sujets, le tiers n'est représenté que d'une manière imparfaite, puisque l'habitant de la campagne ne nomme aucun député; puisque les élections de ceux des villes ne sont l'ouvrage que d'un petit nombre de leurs citoyens; puisque les villes qui députent en ont le droit, non à cause de leur portion d'intérêt à la chose publique, mais par d'anciennes prérogatives fondées sur des usages abusifs; puisqu'enfin ses députés peuvent être nobles, ou anoblis par leur place.

Qu'à ces vices anti-constitutionnels, propres à l'organisation des États du Languedoc, il s'en joint encore, pour les États du Vivarais, plusieurs autres qui leur sont particuliers, et principalement dans la représentation des deux premiers ordres.

Que le clergé n'y est pas admis.

Que la noblesse n'y est pas mieux représentée qu'aux États du Languedoc, puisqu'elle ne l'est que par les barons, constamment remplacés par leurs baillis, qui souvent même ne sont pas nobles.

Que la faculté de transmettre les baronnies, suivant le gré de celui qui les possède, peut en accumuler plusieurs sur la même tête, ou les faire passer à des gentilshommes absolument étrangers à la province.

Qu'ainsi le Vivarais a le double désavantage d'être assujetti à deux constitutions également opposées au droit naturel de ses habitants.

Mais qu'il a incontestablement le droit d'en attaquer l'organisation, puisqu'il dépend, et à chaque instant, de ceux qui doivent être représentés, de régler la forme en laquelle ils veulent l'être, puisque tout représentant n'est que le porteur d'un mandat essentiellement révocable, d'un pouvoir qu'on peut lui ôter.

Qu'ainsi le Vivarais doit réclamer une nouvelle constitution plus conforme à l'équité et aux droits imprescriptibles des peuples, et obtenir de la justice du roi, une régénération indispensable.

D'après ces considérations, avons unanimement arrêté :

Que, persistant dans le précédent arrêté d'Annonay du 27 octobre dernier, et dans les principes qui lui ont servi de base, nous ne cesserons de réclamer le droit d'être représentés aux États généraux, par un nombre suffisant de députés librement élus, pris dans le ressort de chacune des deux sénéchaussées du pays.

Que le nombre des représentants du Vivarais aux États généraux doit être proportionné à sa population, et conforme à ce qui sera réglé pour les provinces voisines, et en particulier pour le Dauphiné.

Que nous protestons éventuellement et de la manière la plus formelle contre toute prétention contraire aux droits naturels du pays et notamment contre celle que pourraient former les États généraux du Languedoc, ou particuliers du Vivarais, par rapport à l'élection libre de ses représentans aux États généraux.

Qu'il est essentiellement conforme à la raison et à l'équité que les députés aux États généraux du royaume, et particuliers des provinces, attendus de la justice du roi, puissent y voter librement et que leurs voix y soient recueillies par chaque individu, et non collectivement par ordre.

Que les députés des trois ordres de l'État, qui formeront l'Assemblée nationale, et celle demandée subséquemment pour le pays, doivent être élus pour chaque ordre, dans la proportion d'un sixième pour le clergé, d'un tiers pour la noblesse et de la moitié pour le Tiers état, comme il est établi en Dauphiné.

Que sa Majesté sera suppliée d'accorder aux vœux du Vivarais, et aux vrais intérêts du Languedoc, la forme d'administration adoptée pour le Dauphiné, aux modifications près que le bien du pays paraîtra exiger, et que les peuples ne cesseront de porter au pied du trône la présente réclamation, avec autant de constance que de respect.

Avons arrêté encore de protester éventuellement contre toute prétention ou décision qui tendraient à obliger le Vivarais d'assembler les trois ordres hors de son sein, pour former sa députation aux États généraux, ne pouvant se réunir à cet effet, que dans ses deux sénéchaussées.

Que dans la convocation ordonnée à cet effet se trouveront toutes les communautés contribuables du Vivarais, quand même elles seraient justiciables d'une sénéchaussée étrangère, afin que leurs habitans y puissent être électeurs et éligibles.

Que sa Majesté sera suppliée d'accorder aux deux sénéchaussées du Vivarais les mêmes attributions présidiales, dont jouissent ou jouiront les autres présidiaux du royaume, et de conserver à leurs justiciables l'avantage de ressortir au parlement de Toulouse ; désavouant sous les protestations les plus fortes toutes démarches contraires au présent arrêté, qui pourraient être faites à leur nom, comme l'étant à leur insu et sans leur participation.

Que les peuples du Vivarais, pleins de fidélité, de soumission et de respect pour le monarque, et remplis de confiance en sa bonté paternelle, ne cesseront jamais de réclamer et d'attendre de sa justice l'effet de leurs supplications, et de lui offrir les tributs de leur fortune et de leur vie.

Que les trois ordres du Vivarais, inséparablement unis pour le maintien de leurs droits respectifs, se promettent réciproquement l'appui mutuel, que se doivent des citoyens de la même patrie.

Que tous les membres des dits trois ordres seront invités à s'assembler en lieu et jour convenable pour aviser aux démarches ultérieures.

Que copie du présent arrêté sera adressée à tous les membres des trois ordres, qui se trouvent absens, avec invitation d'y adhérer, ainsi qu'à toutes les personnes à qui il sera convenable d'en donner connaissance.

Que les trois ordres du pays de Vivarais, ayant par acclamation générale, nommé MM. l'abbé de Pampelonne, le marquis de Satillieu et de Boissy d'Anglas, pour porter aux pieds de sa Majesté, les vœux des habitants du Vivarais, et leurs justes réclamations énoncées au présent arrêté, MM. les commissaires des trois ordres dudit pays sont autorisés à leur délivrer et à signer, au nom desdits trois ordres, les pouvoirs nécessaires pour faire tout ce qui leur paraîtra convenable pour le plus grand bien de leur patrie.

Fait à Privas, ce dix-huit décembre mil sept cent quatre vingt-huit, et ont signé sans distinction d'ordre ni de rang :

Le comte de BALAZUC de MONTRÉAL, président des trois ordres.
D'Ayme, maréchal de camp, commissaire des trois ordres.
Saladin, curé de Privas, commissaire.
D'Apchier, comte de Vabres.
Flossac, avocat en parlement, juge de Montréal, député de la ville de Saint-Agrève.
Le chevalier de Comte d'Aubusson, lieutenant-colonel d'infanterie.
Rouvière, Sgr du Colombier, de Montréal et du Mas du Bosc, député de la ville et baronnie de Largentière.
Madier de Montjau, premier consul-maire et député de la

ville de Bourg-Saint-Andéol, propriétaire foncier, Sgr de Méas et de Montjau.

Vacher, de Vesseaux, propriétaire foncier.

Le marquis de la Tourette, colonel d'infanterie, baron des états du Vivarais.

Le comte de Saint-Polgue, marquis du Bourg.

Le marquis de Satillieu, commissaire.

Espic, avocat, commissaire du tiers état et secrétaire des trois ordres du Vivarais.

Tracol, juge de la baronnie et comté de Crussol, commissaire.

De Guilhin, prieur-curé de Saint-Symphorien.

Le comte de Jovyac, maréchal de camp, commissaire.

Besson, consul de Flaviac.

Prinsac, avocat en parlement, propriétaire foncier.

Julien de Baumes, seigneur de Bourlatier et de St-Martial, député de la ville de St-Agrève et autres communautés.

Chouvet, curé de Béage.

Le baron de Guyon de Pampelonne, commissaire.

Le comte de Serres, commissaire.

Du Fay, docteur médecin, député de la ville du Cheylard.

De Baumes.

De France, avocat.

Le comte de Bosas.

Michel, avocat.

Le chevalier de Piolenc.

Chauvet, prieur-curé de Vilprat.

Choisin, consul et député de Saint-Agrève.

De Flossac.

Durand, député de Vals.

Mélarès, bourgeois, député de Coux-Tubilhac.

Regard, consul politique de Privas.

Saint-Pierreville, baron de Jonas, député de la noblesse de la ville et baronnie de Largentière, commissaire.

Chouvet, curé de Chomérac.

Meyssonnier, député de Vals.
Vacher fils, conseiller à la sénéchaussée de Villeneuve-de-Berg, commissaire.
Champanhet, avocat, député de Baix.
Le baron de Chazeaux.
Faure de l'Hubac, juge de Borée.
Le vicomte de Malian.
Contagnet-les-Chambarlhac, député de St-Martin-de-Valamas.
Le comte de Julien-Vinezac, député de la noblesse de Largentière.
Chalamond, conseiller politique de Privas.
Duplan, député de Vals.
Tourrasse, député des Nonnières et de St-Julien-la-Brousse.
Le vicomte de Digoine.
Penel, propriétaire foncier.
De Barras.
Le comte Hyacinthe de Jovyac.
Boucher, propriétaire foncier.
Le baron de Granoux.
Belin de la Réal, Sgr et gouverneur de la ville du Pousin.
De Barrès, écuyer, député pour la noblesse de la ville du Pousin.
Boucher, conseiller et député de Juvinas.
Biousse, châtelain et juge de Saint-Lager et Granoux.
Le baron de Coston, Sgr de Durtail.
Fonneuve, avocat, député de la ville de la Voulte.
Le baron de la Champ de Chazeaux.
Le chevalier de la Chaux.
Belin de la Réal, chevalier de Saint-Louis.
Belin du Pousin, écuyer.
Le baron de Montrond.
Bravaix, juge de la baronnie de Durtall.
Tardy de la Brossy, chevalier de Saint-Louis, capitaine d'artillerie, député de la noblesse de la ville de la Voulte.

Lextrait, prieur-curé de Saint-Vincent de Durfort.
Le chevalier de Rostaing.
De la Garde, premier consul-maire de la ville de Privas.
Roqueplane, baron de Montbrun.
Guillon, député de la communauté de Saint-Vincent de Barrès.
Faure, député de la même communauté.
Vignasse, député de la même communauté.
De Rostaing.
Le Jeune, avocat.
Des-François de Lolme, baron de Thorenc et d'Andance, lieutenant général en la sénéchaussée d'Annonay.
Porte, négociant à Aubenas.
Le vicomte de Julien de Vinezac.
Beaufort, avocat.
Beauthéat, propriétaire foncier.
Bruguières, négociant à Privas.
Destret, lieutenant du premier chirurgien du roi.
Boursarie la Roche, négociant.
Le baron de Lestrange.
Faure, avocat et propriétaire.
Pinet, avocat.
Clavel de Veyran.
D'Anthon.
Girard, négociant.
Le marquis de Surville, capitaine de cavalerie.
Roubaud, premier consul et député de Saint-Just-d'Ardèche.
Plat, deuxième consul et député de Saint-Just-d'Ardèche.
Saladin, greffier et député de Saint-Just-d'Ardèche.
Blachière, propriétaire foncier.
Robert, propriétaire foncier.
Le marquis de Lestrange, capitaine de cavalerie.
De Barruel, lieutenant général en la sénéchaussée de Villeneuve-de-Berg.
De Combe, prieur d'Ucel.

Colange, propriétaire foncier.
Vincent, propriétaire foncier.
La Font, propriétaire foncier.
Le marquis de Saint-Cernin, maréchal de camp.
Le baron de la Saumès.
Faure, conseiller de Privas.
Massol de Monteil, député du Theil.
L'abbé Colonjon, chanoine capiscol d'Annonay, prieur de Saint-André-de-Fourchade, commissaire des trois ordres.
Durand, député de Creissac.
Guinabert, juge de la ville de Privas.
Roussel, bailli d'épée de Montlor, baronnie des états.
Bouvier, docteur en médecine.
Barthélemi, avocat, commissaire des trois ordres.
Saboul, curé d'Ucel.
De Michaud, écuyer, député de Creissac.
Barou de Canson, commissaire des trois ordres.
Dubois père, négociant à Privas.
Dejoux père, négociant de Privas.
Le comte Sébastien de Bosas.
Durand, propriétaire foncier.
Champanhet, prieur-curé de Saint-Pierre-la-Roche.
Le comte de Dienne du Buy.
Ville, consul et député de la communauté de Mézillac.
Chazau, consul et député de Saint-Genest-la-Champ.
Le comte de Fay-Salignac.
De Gasque, avocat, premier consul-maire de Joyeuse.
Cornet du Sillac.
De Sauveplane.
Mose, bailli d'épée de Boulogne, baronnie des états.
Teyssonnier des Cros, avocat.
De Bernardy.
Faure des Chaberts, capitaine de cavalerie, chevalier de Saint-Louis.

L'abbé Deschabert.
Seroulhet, négociant, d'Aubenas.
Champanhet Sargeas, député de Vals.
Le chevalier de Saint-Cernin-de-Borne.
La Forest de Chassagne, écuyer.
Espeits, propriétaire foncier.
De Saint-Cernin de Borne, officier au régiment de Normandie.
Charon, négociant, conseiller politique de Privas.
Chabaud, avocat.
Labro, curé de Fabras.
Le marquis de Suarès d'Aulan, Sgr de Bayx.
Térasse, propriétaire foncier.
Le chevalier de Saint-Andéol, garde du corps du roi.
La Forest de Chassagne, garde du roi.
Bouchon, curé de Prades.
De Missols-Lapra, chevalier de Saint-Louis, lieutenant-colonel d'artillerie.
Doize, l'ainé, négociant de Privas.
Roure, négociant, conseiller politique de Privas.
De Chapuis, Sgr de Tourville.
Boissin, prieur de Saint-Didier-sous-Aubenas.
De Massis-Cuchet, propriétaire foncier.
Teissère, propriétaire foncier.
Deboz, conseiller politique de Privas.
Beaufils, curé d'Antraigues.
Gamond, député de la communauté d'Ayzac.
Defaul, conseiller de la paroisse de Vayras.
Le baron de Rochefort.
Blachère, curé de Saint-Etienne-de-Fontbellon.
Le comte de Vanel, Sgr de Saint-Vincent, officier au régiment de la Sare.
Fafont-Gerland, avocat en parlement, député de la communauté de Saint-Julien-Marcol.
De Combe, Sgr des Combes.

Dauteville, prieur-curé et député de Pierre-Gourde.
Reymondon, député de la commune de Saint-Fortunat.
Arnauld de Praneuf, de Colombier.
De Salleyez-la-Pize, député de la commune de Saint-Vincent-de-Durfort.
Delpuech, écuyer, Sgr de Chamonte, ancien auditeur à la cour des comptes de Montpellier, député de la commune de Saint-Lager.
Le comte de Clavière.
Gaudemard, avocat et député de la communauté de Saint-Michel-de-Chabrillanoux.
Laville, député de la communauté de Saint-Michel-de-Chabrillanoux.
Aurenche, propriétaire foncier.
Tinland, député de la communauté de Saint-Maurice.
Viallet, député de la communauté de Saint-Maurice.
Bonnet, curé de Thueyts.
Le baron d'Urre, Sgr de Chanelest.
Reboul, foncier.
Galland, consul et député de la commune de Genestelle.
Ladreyt, consul et député de la communauté de Genestelle.
De Launay, comte d'Antraygues.
Le vicomte de Jovyac.
Coing, propriétaire foncier.
Faure, propriétaire foncier.
Engelras-la-Prade, député de la baronnie et commune de Montlor.
Gimond, député pour le tiers état de la ville de Largentière.
Roux, curé de Freyssinet.
Genton, maitre des eaux et forêts à Villeneuve-de-Berg.
Pascal, prieur-curé de Colombier.
Béraud, consul de Montpezat.
Le baron de Malmazet-Saint-Andéol, lieutenant de la grande vénerie de France.

Roux, prieur-curé de Coux.
Giraud, député de la ville de Bourg-Saint-Andéol.
Tardy de la Baume, écuyer.
Desbosc, prieur-curé et député de Saint-Félix-les-Chateauneuf.
D'Autsegure, négociant, d'Aubenas.
Le chevalier de Guyon-Pampelonne.
Méallarès, négociant d'Aubenas.
Le baron de Cheylus.
Molière de Vienne, député de la ville de la Voute.
Bois-Dautussac, député de la communauté de Pierre-Gourde.
Garnier, député de Beauchastel, Sgr et baron direct de la Roque.
Croze, avocat en parlement.
Le chevalier de la Roque.
De Saint-Martin, avocat, propriétaire foncier.
Arnaud, curé de Vernoux, député de Vernoux.
Blachères de Rancourbier, avocat.
Le baron de Fay-Salignac.
L'abbé de Pampelonne, archidiacre de Viviers, commissaire.
Blache, avocat.
Roux, avocat, maire de Thueyts.
Combier, curé du Pousin.
Villedieu, négociant.
Le comte de Blou.
Ladreit de la Charrière.
Le comte de Satillieu.
Teissonnier, juge de Durfort.
Monneron, chanoine d'Annonay.
L'abbé de Rochemure, député du clergé de la ville de l'Argentière.
Gleize, consul, député de la commune d'Antraygues.
Vigne, notaire, député de la commune d'Antraygues.
Fillat, député de la commune d'Antraygues.

Gleizal, avocat, député de la commune d'Antraygues.
Juge, député de la commune d'Antraygues.
Cornut, député de la commune d'Antraygues.
J.-P. Borie, député de la commune d'Antragyues.
Baratier, député de la commune d'Antraygues.
Le baron du Pont de la Roque.
Le chevalier du Chailar.
Le baron de la Blache.
Le marquis de Monteil-Corsas, commissaire.
Bonnet, consul de la commune d'Usclade.
Coing, député de Pourchères.
De Villeneuve, lieutenant de cavalerie.
Pourret, avocat, juge de Vernoux et autres terres.
Brunel, avocat en parlement.
Rey, foncier.
Marze, foncier.
Le marquis de Blou.
Le chevalier de Jovyac.
Morel du Lendel, propriétaire foncier.
Louis Bouvier, négociant à Chomérac.
Le More de Pigneux, bailli d'épée d'Annonay, baronnie des états.
Julien, avocat en parlement.
Dubois père et fils, négociants.
Toulouse, curé de Bayx.
D'Aysac, écuyer.
Ducros-Laffont, fils, propriétaire foncier.
Cachon, chirurgien.
D'Entrevaux, chevalier de Saint-Louis, ancien capitaine de grenadiers au régiment Dauphin.
Dejoux, négociant.
Bernard du Lieu, Sgr de Saint-Arcons.
Laroche de la Motte, avocat.
Duclaux, avocat.

De Fay, marquis de la Tour-Maubourg, baron de tour des états du Vivarais.
De Villeneuve, capitaine au régiment d'Auxerrois.
Montgolfier, chanoine et conseiller clerc en la sénéchaussée d'Annonay, commissaire.
Roussin, député de la commune du Gua.
L'abbé Bouthoux.
Le Blanc de Pradelles, Sgr de Mélouzelles.
Le baron de Morreton-du-Main, colonel de cavalerie.
L'abbé de Surville, précenteur de l'église de Viviers.
Grel de la Molière, juge châtelain de Chomérac.
La Roche, tenancier.
D'Anastasy, écuyer.
De Sonnier-Bonneton, député de Saint-Fortunat.
Beyrot de Lorme, docteur médecin, député de Silhac.
Teul, député de Saint-Symphorien.
Besse, consul, député de Saint-Symphorien.
Dalmas, avocat à Aubenas.
Grel, fils, négociant et foncier.
Descours, député d'Issamoulenc.
Deydier, propriétaire de la manufacture royale de soie d'Aubenas.
Ladam de Villefort, député de Rochemaure.
Le marquis de Peyraud, colonel de cavalerie.
Le comte de Peloux-Praron.
Montgolfier de Saint-Etienne, chevalier de l'ordre du roi.
Verny, négociant à Aubenas.
Rouchon, avocat, député du tiers état de la ville et baronnie de Largentière.
Le vicomte de Blou.
Bouvet, curé de Chaumeyras.
Jallade, curé de Gourdon.
Chomel, avocat du roi en la sénéchaussée d'Annonay, commissaire.

Duret, docteur médecin, commissaire.
Roux, avocat, maire, député de la commune de Thueyts.
Ruelle, fils, écuyer.
Bermondès, prieur-curé de Saint-Martin.
Roure, avocat, député de la ville de Largentière, commissaire des trois ordres.
Chaumat, propriétaire foncier.
Deshière, propriétaire foncier.
Flacher, propriétaire foncier.
Du Bay, Sgr de Saint-Cierge.
De Banne, capitaine au régiment de Royal-Vaisseaux.
Boutaud, avocat, commissaire, à Tournon.
Roux, curé de Saint-Maurice.
Le baron de la Garde-Chambonas-des-Poujols.
Narcier, député de la commune de Gluyras.
De Lassaigne, lieutenant-colonel d'infanterie.
Joseph Montgolfier.
D'Audigier, écuyer, député de Saint-Fortunat.
Le comte du Pont.
Rozier, propriétaire foncier.
Fontbonne, député de Saint-Apollinaire-de-Rias.
De Boissy d'Anglas, des académies de Nîmes, Lyon, la Rochelle, commissaire-secrétaire des trois ordres du Vivarais, à Annonay.
Le comte de Colonne, commissaire.
De Lombard de Mars, chevalier de Saint-Louis.
Sabarot, juge de la Mastre.
Meyssonnier, avocat.
Duclaux, médecin.
Fournat de Brézenaud.
Massaux, juge et député de Macheville.
Le chevalier de la Fare-Sautel.
Le baron Molines, capitaine d'artillerie.
De Veyre de Soras, capitaine de cavalerie, chev. de S¹-Louis.

Soubeyran de Beauvoir, ancien bailli d'épée de la baronnie de Chalancon.
De la Garde, ancien brigadier des gardes du corps du roi.
Jouannel, premier consul de Saint-Martin-de-Valamas.
Guérin, procureur fondé du marquis de la Tour-Maubourg, baron du Vivarais.
Gaillard des Tourettes, conseiller en la sénéchaussée d'Annonay.
La Bastide, capitaine d'infanterie, chevalier de Saint-Louis.
Moreau de la Belive.
Le marquis de Grollier.
De Beaurepaire, député de Saint-Bazile.
Ranc des Sauvages, député de Desaignes.
Le Chevalier de L'Isle-Charlieu.
Choveton, député de la ville de Boulieu.
Seigle, député de la ville de Boulieu.
L'abbé Olivier, chanoine de Viviers.
Frachon, avocat, juge des terres de la Rivoire, Gerlande, Andance, etc.
Rocoule, prieur-curé de Saint-Baudille.
Le comte de Sampigny.
Chateauneuf de Saint-Priest.
D'Audibert.
De Sainte-Colombe.
Calvet, négociant, d'Aubenas.
Vincent, avocat de Bayx.
Rasclas, prieur-curé de Royas.
Daldire, avocat, député de la noblesse de Saint-Martin-de-Valamas.
Regard, négociant.
Sauzet de Fabrias, ancien conseiller de la cour des aides de Montpellier, Sgr de Craux, Genestelles, etc.
De Valleton, chevalier de Saint-Louis, ancien major d'infanterie.

Barruel de Montrillet.

De Faure de Valmont, député de Viviers et de Saint-Just-d'Ardèche.

Bourras, avocat.

Le vicomte de Maillan, capitaine d'infanterie.

De Roucoule-Brouas, écuyer.

De Combes, garde du corps.

Gacou, consul-maire, député d'Annonay.

Malgontier, consul politique, député d'Annonay.

Abrial, curé de Saint-Julien en Saint-Alban.

D'Alméras, écuyer, Sgr de Brès.

Milhet, consul de Saint-Fortunat.

Bollioud, Sgr de Brogieux.

Desfrançois de Fontachard, prieur de Félines.

Duret, négociant d'Annonay, commissaire.

Blanc, prieur-curé de Vals.

Le baron de la Gorce-Larnas.

Le comte Dupont, de Soyons.

Monneron, chanoine de Tournon.

Abrial, chanoine de Tournon.

Delhomme, chanoine de Tournon.

Pilhet, chanoine de Tournon.

Farconnet, chanoine de Tournon.

D'Allard.

Constant, propriétaire foncier.

Crouzet, avocat.

Saunier-la-Boissière, député de Saint-Julien-le-Roux.

Deglos de Besse.

Lombard de Quincieux, procureur du roi en la sénéchaussée d'Annonay.

De Beaud, prieur-curé d'Alissas.

Le marquis de Mirabel.

Le vicomte du Peloux-Praron.

Louis Jalates, député de la commune de Pranles.

Vermale, curé de Saint-Lager.
Le comte de Peyrault, lieutenant-colonel du régiment de Penthièvre-Dragons.
Blachère, Sgr de Saint-Jean-le-Centenier.
La Chavas, baron d'Ay.
De Champagné.
De Joux, négociant.
Faure-Pontanier, avocat.
Cornuscle, avocat.
De Fontaine, prieur-curé de la Fare.
De la Vèze-Montjou, écuyer, député de la commune de Silhac.
Rozier, Sgr de Liviers.
Guilhon, député de Saint-Martin-l'Inférieur.
Seruselat, propriétaire foncier.
Bauthéac, député d'Alissas.
Gamonet, député d'Alissas.
Benoit, ainé.
Guérin, greffier.
Le marquis de Veynes, Sgr du Pape.
Le baron d'Hilaire de Jovyac.
Barruel de Saint-Vincent.
De Marquet, ancien capitaine de cavalerie, Sgr de Latour.
Niels, consul-maire, député du Pousin.
Marcon, avocat, député de la ville du Pousin.
De Cellier, officier d'infanterie.
Reynier, consul, député de Gourdon.
Faugier, consul, député de Gourdon.
Monnier, greffier, député de Gourdon.
De la Cheisserie, écuyer.
D'Mayrac, chevalier de Saint-Louis.
De la Valette de Chabriol, officier de cavalerie.
Talancieu, consul de Boulieu.
De l'Isle de Charlieu.

Clusel, consul-maire de Viviers.
Le baron de Rochesauve.
Julien de Viviers.
Le chevalier de Fay-Salignac.
Fayet, propriétaire foncier.
Dubois de Séverac.
Agreil, curé de Saint-Julien-Châteauneuf en Boutières.
De Toron.
Bernardy, Sgr des Eperviers.
Le marquis du Solier-Griottier.
De Barruel.
De la Salve du Fayn, officier au régiment de Lyonnais.
Darnaud, avocat.
Bouvié, ainé, négociant.
Richer, notaire.
Bernard de Saint-Nazaire, officier au régiment de Barrois.
J.-A Mouline, négociant.
Pujolas, avocat.
Comte de Chauliac, consul de Vesseaux.
Reinier, consul de Vesseaux.
Sargeas-Champanhet, avocat.
Tourrette, consul et député de Saint-Martin-le-Supérieur.
La Pize, consul de la commune de Saint-Cierge.
Ranc, consul de la commune de Saint-Cierge.
Dardet, greffier de la commune de Saint-Cierge.
De Sautel, député de la commune de Saint-Étienne-de-Serres.
Guilhon, député de la paroisse de Saint-Pierre-de-la-Roche.
Mognier, consul et député de la paroisse d'Ajoux.
Roger, officier d'infanterie.
Grel-Paret, propriétaire foncier.
Moreau de Bonrepos.
Le chevalier de la Valette-Chabriol.
Meyssonier de Chateauvieux.
Moreau de Brunières.

De Tallard.

Le chevalier d'Hilaire de Jovyac.

Monneron, ainé, ancien intendant de l'Inde.

Chanel, avocat du roi en la sénéchaussée d'Annonay.

Chapuys, greffier en chef en la sénéchaussée d'Annonay.

De Lombard, procureur du roi en la sénéchaussée d'Annonay.

Bollioud de Brogieux.

Bollioud de Tartura.

Chanial-Lavacha, propriétaire foncier, avocat en parlement et juge général du mandement de la Chièze.

Arrêté des trois ordres de Vivarais, assemblés à Privas, le 17 décembre 1788. — A Valence, de l'imprimerie de *J.-J. Viret*, M. DCC. LXXXVIII. in-4°, 34 pages.

Cet arrêté se trouve également dans le : « *Procès-verbal de l'Assemblée générale des trois ordres du Vivarais, tenue à Privas les 17, 18 et 19 décembre 1788.* — A Bourg-Saint-Andéol, de l'imprimerie de *Pierre Guillet*, imprimeur du Roi, des États particuliers du Vivarais, de Monseigneur l'Évêque de Viviers et du Clergé. M. DCC. LXXXIX, in-12, 148 pages. »

N° 2

DÉLIBÉRATION

*Des commissaires et autres électeurs
des trois ordres de la sénéchaussée du Haut-Vivarais,
réunis aux citoyens de la ville d'Annonay,
capitale de ladite sénéchaussée.*

Du lundi 20 juillet 1789, les commissaires et autres électeurs des trois ordres de la sénéchaussée du Haut-Vivarais, réunis aux citoyens de tous rangs, et le tiers état de la ville d'Annonay, capitale de ladite sénéchaussée, pour délibérer sur l'heureuse nouvelle apportée par le courrier d'hier, ouï le rapport.

L'Assemblée, considérant que le 15 de ce mois sera un jour à jamais mémorable dans les annales de la Monarchie.

Que ce jour où le Roi, détrompé sur les perfides conseils qui avoient égaré sa justice, s'abandonnant à la bonté de son cœur et à son amour pour son peuple, est venu se présenter à l'Assemblée nationale, pour concerter avec ses fidèles sujets les moyens de relever l'État, mis sur le penchant de sa ruine par les artifices des ennemis de la nation; ce jour doit faire oublier les inquiétudes mortelles qui avoient frappé depuis quelque temps les françois; que dans ce moment de félicité publique, où le souverain a déclaré ne vouloir jamais séparer ses intérêts de ceux de la nation, tout semble annoncer le prochain retour de M. Necker, que de basses intrigues ont exilé du ministère où ses vertus, ses talents et le vœu du peuple françois lui avoient marqué une place immuable, sous un Roi tel que celui que la Providence nous a donné dans son amour.

Que l'arrêté pris par l'Assemblée nationale le 13 de ce mois (cet arrêté ferme, dicté par le patriotisme le plus pur, et par la voix impérieuse des circonstances et de la nécessité) a avancé l'instant du bonheur dont la nation va jouir.

Que l'accord qui régna dans cette délibération entre les députés des trois ordres et surtout ces transports de joie et ces élans du sentiment, qui, à l'assemblée du 15, firent confondre tous les rangs à l'approche du Roi, pour ne présenter à son âme attendrie, que le tableau touchant d'une nombreuse famille, heureuse de posséder au milieu d'elle son chef et son père, sont de sûrs garants d'une harmonie durable entre les représentants de la nation de tous les ordres.

Et enfin, que les efforts que la ville de Paris a faits si heureusement, mais avec tant de dangers pour briser les fers dont le despotisme ministériel vouloit enchaîner la nation, attachent pour toujours les provinces à cette capitale, par les liens de la reconnaissance.

Par ces motifs, il a été arrêté qu'il sera présenté une adresse aux États généraux pour féliciter, au nom des peuples du Vivarais, cette auguste assemblée sur les heureux succès qui ont couronné, pour le salut de l'État, le courage et la fermeté qu'elle a déployés dans les conjonctures les plus difficiles et les plus alarmantes ; et lui exprimer en même temps les sentiments d'admiration, d'amour, de respect et de reconnaissance, que ce dévouement héroïque a fait naître dans tous les cœurs.

Que l'Assemblée nationale sera incessamment suppliée d'interposer ses bons offices auprès du Roi, afin d'engager sa Majesté à rappeler dans ses conseils M. Necker et les ministres fidèles qui se sont retirés avec lui, et à en écarter les ministres actuels, que l'opinion publique a déjà voués à l'opprobre et à l'infamie, comme seuls auteurs de nos dernières calamités.

Qu'il sera présenté aussi une adresse à la ville de Paris, pour lui témoigner toute la part que les peuples du Vivarais ont prise aux maux qu'elle a soufferts, et l'intérêt qu'ils prennent aujourd'hui à la gloire immortelle dont les citoyens de cette capitale viennent de se couvrir ; que le choix qu'elle a fait de ceux à qui elle a confié le commandement de sa milice, et la première place dans l'administration de sa municipalité est un heureux présage de la durée de la liberté légitime qu'elle s'est procurée, et de la paix qu'elle voit rétablie parmi ses concitoyens.

Et enfin, qu'il sera écrit à M. Necker, pour exprimer à ce grand homme, la douleur que sa retraite inattendue du ministère a causée, particulièrement aux peuples du Haut-Vivarais, l'espoir qu'ils ont conçu de l'y voir bientôt rappeler pour le bonheur de la nation et l'assurance que, soit homme privé, soit homme public, il conservera toujours l'estime et la reconnaissance du peuple françois.

Et à l'instant, tous les délibérants ont promis, par acclamation, de respecter l'autorité royale, dans toute son intégrité, de la maintenir dans la maison régnante, aux périls de leur vie et de leur fortune, de résister de toutes leurs forces et de leurs moyens aux entreprises de quiconque auroit la témérité d'aspirer à la partager, et de rester fermement attachés aux principes adoptés par l'Assemblée nationale.

L'Assemblée a arrêté que cette délibération seroit imprimée. Elle a nommé pour signer les adresses et les extraits et faire les expéditions : M. le comte de Serres ; M. Desfrançois-Delolme, lieutenant-général en la sénéchaussée ; M. l'abbé Monneron, chanoine de l'église d'Annonay ; M. de Saint-Martin, avocat en parlement, député suppléant ; M. le baron de Monteil de Corsas ; M. Devant, chanoine et promoteur ; M. Veyre, consul d'Annonay ; M. Duret, docteur en médecine ; M. Pourret, provincial des cordeliers ; M. le comte du Péloux ; M. Colonjon, lieutenant-criminel ; M. le baron de Moreton ; M. Chabert, lieutenant principal, et M. Chomel, avocat du Roi en la sénéchaussée.

Et ils ont signé sans distinction de rang ni de préséance. (Il y a plusieurs centaines de signatures).

Extrait à l'original. Collationné par Messieurs les commissaires. (1)

N° 3

LETTRE

Des députés du Haut-Vivarais, aux membres du Comité d'Annonay.

Messieurs.

Nous avons reçu le Mémoire que vous nous avez adressé, et nous l'avons lu avec une sérieuse attention. On ne peut rien ajouter à l'expression des motifs qui vous font désirer que le haut Vivarais forme un département à part. L'intérêt de cette portion du Royaume à présenter cette demande ne nous avoit pas échappé, et les lettres que vous avez reçues de nous ont dû vous en convaincre. Malheureusement la question est jugée. L'Assemblée nationale, en décrétant la division du Royaume telle qu'elle a été proposée par le Comité de constitution, c'est-à-dire en département de trois cent vingt quatre lieues quarrées ou environ, a décidé formellement contre votre

---

(1) Nous devons la communication de ce document à l'obligeance de M. Nicod, administrateur de la bibliothèque de la ville d'Annonay.

demande, puisque le Haut-Vivarais a tout au plus cent vingt lieues quarrées de surface. Sans doute que le plan du comité ne sera pas exécuté à la rigueur et que les lois de la nature, supérieures à toutes celles des hommes, obligeront l'assemblée à y apporter quelques modifications, mais l'exception que vous désirez est trop diamétralement opposée à l'ordre général pour qu'il soit possible de l'obtenir. Vos raisons à cet égard avoient été proposées d'avance au comité, et si elles n'avoient pas été rejetées d'abord, c'est qu'il n'était pas décrété que le Royaume ne seroit pas divisé en un plus grand nombre de subdivisions. M. le comte de Mirabeau avoit proposé cent vingt départements, un autre membre cent quatre vingts départements; dans ces deux hypothèses, vos raisons auroient pu avoir quelque poids, maintenant qu'il ne s'agit plus que d'exécuter le décret de l'assemblée et de diviser le Languedoc en six ou huit départements, il n'est pas possible d'obtenir ce que vous souhaitez, d'autant plus que les Députés du Bas-Vivarais consentiroient difficilement de leur côté à se détacher de nous pour former un département particulier, et que d'ailleurs le Haut et le Bas-Vivarais qui ont été réunis, sinon de tous les tems, depuis du moins beaucoup de siècles, forment à peu près par leur surface l'étendue désirée par l'Assemblée nationale. L'Assemblée nationale a désiré que les Députés des provinces fissent eux-mêmes, autant que cela se pourroit, les subdivisions ordonnées. Ceux du Languedoc se sont assemblés plusieurs fois, ils ont nommé des commissaires pour préparer le premier travail, mais leur opinion unanime a été que le Haut et le Bas-Vivarais fût uni au Velay, mais cette demande n'eut pas rempli l'objet de votre mémoire. Son succès d'ailleurs eut été très incertain, et de plus, après beaucoup de réflexions nous avons pensé, comme presque tous les Députés de Languedoc, qu'il étoit plus convenable sous tous les rapports de nous unir avec le Bas-Vivarais qu'avec le Velay. Il ne s'agit plus maintenant que d'établir un ordre de choses d'après lequel les intérêts de la sénéchaussée que nous représentons ne soient pas sacrifiés comme ils l'ont été si souvent, à ceux du reste du Vivarais, et c'est à quoi nous tacherons de parvenir. Nous y emploierons le zèle et l'activité dont nous sommes susceptibles et nous vous prions de n'en pas douter.

Votre Mémoire contient une erreur de fait, au sujet de M. Boissy d'Anglas, que vous citez d'après le *Point du jour*. Il ne lit pas le *point du jour*, et il ignore dans quels termes ce journal s'est exprimé sur son compte, mais il n'a point fait de motion tendant à demander que le Vivarais pût former un seul département. Voici la vérité des faits : un député du Languedoc venoit de parler en faveur des anciennes divisions du Royaume et d'annoncer que tous les députés du Languedoc désiroient qu'il n'y eût, à l'avenir comme par le passé, qu'une seule administration dans toute cette province. Plusieurs évêques députés du Languedoc avoient attesté la vérité de ce fait : M. Boissy d'Anglas et M. de Chateauneuf-Randon le démentirent, du moins quant à leur opinion personnelle, en annonçant qu'ils étoient députés, l'un du Gévaudan, l'autre du Languedoc, ils ajoutèrent qu'ils ne réclameroient point contre la nouvelle division proposée en faveur des anciennes divisions du Royaume. En général, il est impossible de juger les membres de l'Assemblée nationale d'après les journaux, qui leur font dire souvent ce qu'ils ne disent pas et qui taisent ce qu'ils disent.

Il y a maintenant une difficulté entre le Vivarais et le Velay ; les Députés de cette province veulent former un département particulier, en s'agrandissant aux dépens de l'Auvergne, et ils veulent retenir Saint-Agrève, Pradelle et quelques autres communautés, et c'est à quoi nous nous opposerons de toutes nos forces.

Agréez, Messieurs, les assurances du respectueux

dévouement avec lequel nous avons l'honneur d'être, Messieurs :

Vos très humbles et très obéissants serviteurs,

BOISSY D'ANGLAS, MONNERON, le M{is} de SATILLIEU.

Paris, 26 novembre 1789. (1)

N° 4

LETTRE

*Écrite de Villeneuve-de-Berg, en Vivarais,
à MM. les Echevins et présidens de la municipalité de Metz,
par M. Tavernol de Barrès,
lieutenant criminel en la sénéchaussée de Villeneuve-de-Berg.*

Messieurs,

Le parti dominant dans l'assemblée nationale, ayant pris à tâche d'anéantir tous les pouvoirs, pour se les arroger ; de détruire toutes les loix sociales pour y substituer leurs caprices, et d'envahir toutes les propriétés pour en dispenser arbitrairement ; il n'est pas douteux que petit à petit les provinces ouvriront leurs yeux fascinés jusqu'à présent, et que leur égarement cessera. Déjà, le parlement de Rouen a démasqué, par son arrêté du 6, les batteries de nos législateurs souverains et celui de notre ville a suivi : le Cambrésis a réclamé fortement et révoqué ses députés, et j'apprends avec plaisir, comme bon françois, que votre municipalité a adressé des avis à quelques autres de notre voisinage.

(1) Nous possédons l'original de cette lettre.

Il n'est, Messieurs, de remède aux maux effroyables qui désolent ce malheureux royaume, il n'est que l'union intime des provinces qui puisse empêcher sa ruine, et déjà depuis plusieurs mois j'en ai ressenti la nécessité; les efforts et les sourdes menées des démagogues et des démocrates ambitieux pour arriver à l'entière destruction de la monarchie, ont suscité dans diverses provinces des insurrections, des meurtres, des incendies horribles, et sous prétexte de détruire une aristocratie chimérique, ils ont plongé la France entière dans une affreuse anarchie. Que l'union des véritables citoyens, se coalisant de provinces en provinces, fasse une contre révolution qui ramène l'ordre et le calme qu'on a voulu détruire. Déjà les mémoires des Monnier et des Lally Tolendal preparent les esprits à cette réunion, et pour accélérer dans ce pays, j'ai l'honneur, Messieurs, de vous prier de nous faire parvenir l'adresse que vous avez envoyée dans quelques villes du Languedoc, ainsi que nous l'apprenons. Voici donc nos villes Vivariennes auxquelles il convient d'envoyer en adressant à MM. les maires et consuls de chacune, savoir : Annonay, Tournon, La Voulte, Villeneuve-de-Berg, Privas, Aubenas, Largentière, Joyeuse. Comme nous avons des bureaux de poste partout, il n'est besoin que de mettre l'adresse aux maire et consul à....... En Vivarais.

Outre ces huit villes cy dessus, n'oubliez pas les deux principales villes, qui sont Viviers et le Bourg-Saint-Andéol.

J'ai l'honneur d'être etc.

Signé : TAVERNOL DE BARRÈS, lieutenant criminel de la Sénéchaussée.

Nota. — Les officiers municipaux de Metz, dont les principes sont diamétralement opposés à ceux du Sr Tavernol de Barrès, ont adressé sa lettre au comité des recherches de l'Assemblée nationale.

EXTRAIT DU DISCOURS

de Messieurs de La Voute, prononcé à MM. les gardes nationales du Dauphiné et du Vivarais,

sous les murs de cette ville. (1)

Le samedi 16 Décembre 1789, dans la plaine de la Voute en Vivarais, se sont réunis par détachemens les gardes nationales de la confédération d'*Etoile*, celles de *Vernoux*, de *Privas*, de *Saint-Marcel*, de *Saint-Fortunat*, des *Ollières*, de *Toulaud*, de *Saint-George*, de *Baix*, de *Meysse*, de *Rompon*, de *Saint-Vincent-de-Barest*, de *Coux-Lubillac*, de *Flaviac*, d'*Alissas*, de *Saint-Julien en Saint-Alban*, de *Saint-Cierge en Saint-Alban*, de *Saint-Lager*, de *Saint-Symphorien en Vivarais*.

Celles de *Bourg-les-Valence*, de *Montélimart*, de *Peyrus*, de *Château-Double*, de *Combeauvin*, de *Chabeuil*, de *Crest*, de *Montmeyran*, de *Grane*, de *Montvendre*, de *Portes* et *Fiancey*, d'*Upie*, de *Chabrillan*, de *Coubonne en Dauphiné*, assemblées pour prêter le même serment de la Confédération d'Étoile, auquel on a procédé, avec nouvelle promesse de respecter et de faire respecter les décrets de l'Assemblée nationale, d'adhérer plus que jamais à celui de la nouvelle division des Provinces, promettant même, respectivement à ce sujet, de ne faire aucune démarche pour solliciter ou réclamer des avantages particuliers pour telle ou telle ville ou communauté, s'en rapportant à cet égard, à tout ce que le bien général pourra exiger pour la gloire et pour le bonheur de la France.

(1) Brochure in-12, de 18 pages (sans lieu ni date).

L'Assemblée de la Voute, après avoir manifesté de nouveau son amour pour le meilleur des rois, son respect pour les décrets de la Nation, a arrêté de tenir une assemblée à Valence le 31 du mois de Janvier prochain, où les gardes nationales du Vivarais et du Dauphiné se réuniront de l'agrément de leur municipalité; a arrêté d'en tenir une pareille dans la ville de Privas en Vivarais, le 28 du mois de février prochain, et comme ces différentes Confédérations ont le même but, MM. les commissaires correspondront les uns avec les autres.

On a voté des remerciemens aux gardes nationales qui, n'ayant pu se rendre à la Voute à cause de l'éloignement et du mauvais temps, ont envoyé leur adhésion ; on a remarqué avec admiration, celle du bourg de la Guillotière près Lyon, qui offre, au sujet des subsistances, les secours les plus généreux ; de Tournon, d'Aubenas, celle de MM. les chefs et commissaires du bureau militaire de la garde nationale de Lyon, pleine de patriotisme, et bien digne de la Ville la plus considérable des bords du Rhône ; de St-Agrève, et du Cheylard ; on a procédé ensuite par suffrage, aux nominations suivantes.

Président de la Confédération de la Voute.

M. Ducluseau de Chabreuil, chevalier de l'Ordre Royal et Militaire de St-Louis, gouverneur de la Voute, colonel-commandant de ladite Ville.

Secrétaire de ladite Confédération

M. Faujas de Saint-Fond, inspecteur commandant des gardes nationales de Loriol, de Livron et de Clioux.

M. Marquet de Pomier, *secrétaire des Gardes.*

Commissaires pour le Vivarais.

MM.

Du Pouzin de Belin ; de Molieres de Selles, de *la Voute ;*

d'Arnaud, de *Privas* ; Piberet, de *Vernoux* : Milhot, de *St-Fortunat*; Vincent d'Autussac, du *Pape*.

Commissaires pour le Dauphiné
MM.

Constantin, de *Valence* ; Melleret père, d'*Etoile*; Chorol de Boisvert, de *Loriol*; Place oncle, de *Chabeuil*; Bellier, de *Peyrus* ; Dubessé, de *Valence*.

Trésorier.

M. Béranger, *Capitaine, de Valence.*

Des extraits collationnés du Procès-Verbal seront envoyés à M. le président de l'Assemblée nationale, à MM. les députés du Dauphiné et du Vivarais, à M. le Maire de Paris, et à M. de La Fayette, et des exemplaires imprimés seront adressés aux différentes communautés confédérées.

N° 6

LETTRE

Du député Monneron à la municipalité de Sarras.

Paris, 22 février 1790.

Messieurs,

J'ai reçu la lettre que vous m'avez fait l'honneur de m'écrire le 15 de ce mois. J'admire, et n'en suis point surpris, les preuves de votre attachement patriotique, c'est en témoignant de la confiance que véritablement les sacrifices deviendront utiles; avec cette confiance et le rétablissement de l'ordre, la France sera bientôt dans un état de prospérité qui assurera le bonheur de tous les citoyens, et ce sera alors que nous pourrons bénir cette liberté si précieuse dont nous jouirons.

Vous n'avez pas eu la bonté de m'envoyer une expédition en règle de votre délibération, sans elle on ne peut présenter votre offrande patriotique à l'Assemblée nationale; ayez la bonté de nous l'adresser en commun, en mettant le paquet simplement : à Messieurs les Députés du Haut-Vivarais, à l'Assemblée Nationale, à Paris.

Agréez les sentiments de respect avec lesquels je suis, Messieurs, votre très humble et très obéissant serviteur.

MONNERON. (1)

N° 7

LETTRE

De M. Lejeune, maire de Villeneuve-de-Berg,
à M. Dubois-Maurin, député.

Monsieur,

Le lendemain de la réception de la lettre que vous m'avez fait l'honneur de m'écrire, le 23e février dernier, qui contenoit l'extrait du registre des dons patriotiques offerts à l'Assemblée nationale, établissant l'acceptation de celui qui a été fait par les habitants de cette ville, j'ay convoqué mon conseil général pour lui communiquer le tout, et vous payer du tribut d'éloge et de reconnaissance qui vous étoit dû, à raison de tous les soins que vous avez pris pour le soutien des intérêts com-

---
(1) Nous possédons l'original de cette lettre.

muns de cette ville : il fut en conséquence pris la délibération que j'ay l'honneur de vous adresser ; on a été bien aise de profiter de cette occasion pour vous instruire de toutes les intrigues de la ville d'Aubenas, le procureur de la commune les a rappellées dans cette délibération d'une manière claire et précise, et vous y verrez que les motifs qui ont été employés pour déterminer les paroisses à adhérer aux sollicitations de la ville d'Aubenas sont étrangers au décret qui fixe les districts et départements, et n'annoncent que la suggestion; deux commissaires nommés par la ville d'Aubenas, sur la lettre que M. Espic avoit écrite aux officiers de cette ville, ont parcouru tous les villages ou paroisses qui sont en deça de la rivière d'Ardèche pour les faire délibérer d'être du district d'Aubenas : ils ont porté leurs menées jusques au village de St-Germain qui n'est pas bien éloigné, comme vous sçavez, de cette ville, vous devez penser qu'ils n'ont pas eu là, tout comme dans certains autres, toute la satisfaction qu'ils espéroient.

M. Espic leur avoit écrit que vous aviez présenté un plan qui engloboit dans le district de Villeneuve toutes les paroisses qui sont en deça de la rivière d'Ardèche et que, pour en empêcher le succès, il falloit avoir des délibérations qui manifestassent des intentions contraires de la part de ses habitants ; voilà, Monsieur, l'intrigue de la ville d'Aubenas ; vous avez donc besoin de ranimer votre courage et votre zèle pour repousser toutes ces démarches ténébreuses.

La lettre que M. Vacher a reçue de votre part, et qui fut lue dans un grand comité a rassuré les habitants de cette ville, toute leur confiance est en vous et ils espèrent que vous n'oublierez rien pour arrêter les entreprises de la ville d'Aubenas ; vous vous aquerrez toujours de nouveaux mérites, et partout on publie votre patriotisme et votre fermeté.

Si pour accélérer une décision en faveur de Villeneuve, et vous soulager de toutes vos peines vous trouviez à propos que la commune envoya un deputé, je vous prie de me le marquer, elle prendroit alors des moyens pour subvenir aux dépenses nécessaires.

Il y a deux courriers que nous envoyammes à M. le président de l'Assemblée l'extrait d'une délibération qui fut prise le 24 février dernier par notre municipalité pour consulter l'Assemblée nationale, pour sçavoir si l'hôpital de cette ville devoit être administré par le corps municipal ; les représentants de la commune vous prient de leur procurer une prompte décision.

Jay l'honneur d'être avec une respectueuse considération Monsieur, votre très humble serviteur,

LEJEUNE, maire.

Villeneuve-de-Berg, le 3e mars 1790.

P. S. Jay remis à madame votre épouse les trente six livres à quoy reviennent les frais d'impression du résumé de nos délibérations.

EXTRAIT

Du registre des délibérations de la municipalité de la ville de Villeneuve-de-Berg

L'an mil sept cent quatre vingt dix et le premier jour du mois de mars à deux heures de relevée dans la sale de l'hotel de ville, par devant M. Lejeune maire, président.

MM. Beaufort, Sevenier, Aimard et Gontier, officiers municipaux assemblés, MM. Barruel père, Vacher, Rivière, Vernet procureur, Louis Dupuis, Brian ainé, Lavalette et

Auzepy, du nombre des notables aussy assemblés. MM. Leyris officier municipal, Laportes, Jean Vernet de Tournon, Mouline et Daizac, autres notables absents, tous composant le conseil général de la commune de Villeneuve-de-Berg, et ayant été invités par billets ainsy que le procureur de la commune.

M. le Maire a dit qu'il a reçu par le courrier d'hier, une lettre de M. Maurin, député à l'Assemblée nationale dattée du 23 février dernier, par laquelle il lui adresse un extrait du Registre des dons patriotiques offerts à l'Assemblée nationale constatant l'abandon fait par les habitants de cette ville d'un principal et accessoires dûs à la commune par le Trésor Royal et l'acceptation qui en a été faite par ladite Assemblée, led. extrait collationné et signé le comte de Viviers, scellé du sceau de l'Assemblée nationale, en cire rouge, sous la date du 20 janvier dernier N° 1089.

Que d'autre part, led. M. Maurin annonce dans sa lettre qu'il ne néglige rien pour le soutien des intérêts de la ville et le charge d'assurer ses habitants de tout son zèle. Requérant l'assemblée de délibérer.

M. Julien, avocat procureur de la commune a dit qu'en rendant justice au zèle et à l'empressement qu'a montré jusqu'à présent M. Maurin, notre concitoyen, député à l'Assemblée nationale, il ne doit pas laisser ignorer, qu'il est instruit que la ville d'Aubenas réunit tous ses efforts pour étendre le district d'administration qui lui a été provisoirement accordé, par l'Assemblée nationale, sur celui fixé à Villeneuve-de-Berg, et resserrer celui-ci en deça des bornes naturelles, dans lesquelles la rivière d'Ardèche semble le circonscrire; et quoiqu'en suivant ces limites, l'étendue du district de Villeneuve soit de plus mince : que la ville d'Aubenas a en conséquence envoyé dans tous les villages les plus voisins de cette ville, en deça de la rivière d'Ardèche, des minutes des délibérations dans lesquelles, sous un appas d'intérest qu'on leur a présenté, tel par exemple que celui de faire entendre à ces villages, que « si Villeneuve a la justice « de département, le district, suivant l'arrêté provisoire « devant se trouver à Bourg-Saint-Andéol, ils seront obligés « d'aller plaider beaucoup plus loin, que s'ils étoient du « district d'Aubenas » et par cette considération on leur fait délibérer et demander d'être du district d'Aubenas, ajoutant qu'on ne scauroit trouver ailleurs des meilleurs juges ni des meilleurs administrateurs ; que cet éloge que la ville d'Aubenas mandie en sa faveur, l'uniformité de différentes délibérations prises, annonce la suggestion que l'on emploie pour détacher de la ville de Villeneuve-de-Berc, des villages qui naturellement auroient manifesté une volonté contraire, si l'on n'avoit cherché à les gagner par des motifs totalement étrangers au décret qui fixe les districts et départements de l'administration ; qu'il est essentiel de faire connaitre à M. Maurin toutes les démarches que l'on emploie contre la ville de Villeneuve-de-Berc, afin qu'il soit à portée d'y défendre et faire connaitre la manière abusive par laquelle la ville d'Aubenas cherche à détacher du district de Villeneuve-de-Berc des paroisses qui, suivant la carte du pays, doivent naturellement être de son district, requérant l'assemblée de délibérer, et ce signé : Julien, procureur de la commune.

L'assemblée a délibéré sur le premier article que l'extrait du Registre des dons patriotiques, offerts à l'Assemblée nationale, envoyé par M. Maurin, sera enregistré ès registres de la municipalité et déposé dans les archives de la commune.

Sur le second article, il a été délibéré de présenter à Monsieur Maurin les remerciements des habitants de cette ville, de tous les soins qu'il a pris pour le soutien de leur intérêt commun, de lui adresser extrait de la présente délibération pour lui faire connaitre les démarches intéressées de la ville d'Aubenas, afin qu'il puisse les repousser et défendre, le prier d'observer à nos seigneurs de l'Assemblée nationale de prendre en considération le zèle que la sénéchaussée de cette ville a employé dans toutes les occasions pour maintenir dans le Vivarais le bon ordre et la tranquillité publique, et le succès qu'elle a eu dans le temps le plus critique et le plus alarmant ; que si la ville de Villeneuve-de-Berc a négligé d'employer des sollicitations dans les villes du Vivarais, comme le fait celle d'Aubenas, c'est qu'elle a pensé que sa position, sa situation, l'ancienneté de sa justice de ressort, la nécessité qu'elle a d'un siège supérieur, puisqu'elle n'a aucun commerce, et principalement le vœu général des habitants du Vivarais manifesté dans toutes les assemblées générales et dans tous les cahiers, seroient autant de motifs pressants pour lui conserver cet avantage, comme l'unique moyen de l'indemniser des sacrifices d'argent et de ses privilèges qu'elle a généreusement faits à la nation et qui la soumettent à l'avenir à des impôts qui seront d'autant plus accablants que son sol est des plus infertiles et des plus ingrats et qu'en dédaignant tous les moyens employés par l'intrigue, la ville de Villeneuve-de-Berc met toute sa confiance dans les principes invariables de justice et d'équité qui sont la baze de toutes les opérations de l'Assemblée nationale. Et ont les délibérants signé :

        Collationné,

               Nougarède, greffier. (1)

---

(1) Nous devons la communication de ces deux dernières pièces à l'obligeance de M. Helly, receveur de l'enregistrement, arrière-petit-neveu du député Dubois-Maurin.

N° 8

DÉLIBÉRATION

Du Conseil-Général de la Commune de la ville d'Aubenas du 18 Mai 1790.

Monsieur DALMAS, Maire, Président du Conseil, a dit :

Messieurs,

Je viens vous déférer deux imprimés que j'ai reçus à l'adresse de Messieurs les officiers municipaux, ayant pour titre *Délibération des Citoyens Catholiques de la ville de Nimes, du 20 avril dernier, et de la ville d'Uzès, du 2 de ce mois*, accompagnés l'un et l'autre d'une adresse au Roi, souscrite par les présidents et commissaires de ces citoyens et celui de Nimes, d'une lettre d'envoi à cette municipalité.

Après avoir pris connoissance de ces écrits vraiment séditieux, je ne doute pas, Messieurs, que vous ne partagiez l'indignation qu'ils m'ont inspirée ; et que loin d'y adhérer pour le bonheur de la France, le maintien de la Religion, et l'autorité légitime du Roi, comme on n'a pas craint de vous le proposer, un zèle plus éclairé pour le bien du Royaume, pour l'intérêt de la Religion et pour celui du Monarque, ne vous porte à flétrir ces libelles du sceau de votre improbation.

Leurs auteurs se sont étrangement abusés, s'ils ont cru de renouveller, en les rappellant, ces temps d'horreur, où le fanatisme déguisé, sous le nom sacré de la Religion, armoit les citoyens contre les citoyens ; ces temps que l'histoire voudroit effacer de ses fastes et dont le souvenir outrage également le nom François, et une Religion de paix qui n'a besoin que d'elle-même et de sa sainte et sage morale pour s'étendre et se propager ; ces temps d'erreur et de barbarie ne sont et ne reparoîtront plus.

Les prétextes de ce projet de désordre, les circonstances dans lesquelles on cherche à le faire naître, les motifs dont on l'étaye, qui sont autant de calomnies pour l'Assemblée nationale, pour la Nation elle-même et pour son auguste chef, l'envoi affecté des écrits que nous vous déférons, aux principales municipalités du Royaume, tout annonce dans cette démarche imprudente, les desseins les plus sinistres, tout concourt à faire jetter sur elle l'animadversion publique.

Eh ! quoi, Messieurs, tandis que nos dignes représentants s'occupent sans relâche de l'extirpation de cette foule d'abus et de privilèges qui pesoit sur le peuple; tandis qu'ils cherchent à le garantir de toutes les invasions du pouvoir arbitraire, et à écarter de l'Autel et du Trône les erreurs religieuses et civiles, dont la révolution des temps et la corruption des mœurs les avoient entourés ; tandis qu'ils n'ont fait dans l'administration des biens ecclésiastiques que des changements réclamés par le bien de l'Etat et par l'intérêt même de l'Église ; tandis qu'ils n'ont pu mieux manifester leur respect pour notre sainte Religion, qu'en lui assurant les honneurs d'un culte solennel, en accordant aux curés un traitement analogue aux fonctions pénibles et honorables de leur saint ministère, en plaçant les fraix de ce culte au rang des premières charges de l'État, et en ramenant les hommes aux vrais principes de l'évangile, qui sont des principes d'égalité, de paix, de tolérance, qui ne reconnoissent point de distinction de rangs, et qui n'admettent que celle des vertus, tandis qu'ils ont formellement reconnu et consacré le principe de la nécessité d'un pouvoir unique et suprême dans les mains du Roi, pour l'exécution des loix du royaume, et le maintien de l'ordre public ; tandis que toutes les communes de France se sont empressées de toute part, et à l'envi, de reconnoître et de bénir les bienfaits d'une révolution aussi heureuse qu'inattendue, dans l'état de servitude et de dégradation où elle a trouvé le peuple François ; tandis que notre Roi est venu de lui-même dans l'Assemblée nationale, témoigner la joie particulière qu'il en ressent et le désir où il est de la voir bien-tôt accomplir ; une poignée de citoyens fanatiques ose élever la voix pour calomnier cette noble et généreuse entreprise ; elle ose la présenter *comme les tentatives de l'impiété du siècle, contre l'Autel et le Trône* ; elle ose, par un faux intérêt pour les décrets de l'Assemblée nationale, suspecter de violence, la sanction que y a donnée le Roi depuis son séjour à Paris, et demander sur ce prétexte, le renouvellement de cette sanction ; elle ose enfin réclamer la suspension de certains de ces décrets, l'anéantissement des autres, et attacher à l'accomplissement de ceux qui intéressent les biens ecclésiastiques, les plus tristes, les plus funestes présages !

Citoyens aveugles ou égarés ! vos craintes ou votre espoir seront déçus. Les ennemis de la révolution ont vainement compté sur cette dernière ressource pour diviser les esprits et rompre le faisceau de l'opinion publique. On ne parviendra pas, dans le dix-huitième siècle, à faire revivre les guerres de religion ; les coupables auteurs de cette impiété civile et religieuse n'ont pas même eu la satisfaction d'altérer la confiance et le respect des peuples pour l'Assemblée nationale, éclairée sur leurs vrais intérêts, ils s'accordent par-tout à reconnoître sa protection tutélaire ; les adhésions, les fédérations se multiplient plus que jamais pour le maintien et la défense des décrets qui émanent de ses lumières et de sa sagesse.

Heureusement, Messieurs, l'erreur que nous vous déférons, n'est que celle d'une très-petite minorité des citoyens de Nîmes et d'Uzès, parmi lesquels on ne doit pas même compter ceux qui ont pu être surpris, trompés ou égarés par un faux zèle et par des erreurs paniques sur un sujet très-propre à exalter les imaginations foibles. Je ne doute pas que les municipalités de ces deux villes n'ayent improuvé cette erreur, et qu'elle ne soit l'objet de la censure de toutes les municipalités et de tous les bons citoyens du Royaume. Celles de Pezenas, de Montelimar, de St. Paul-Trois-Châteaux, de St. Esprit, la garde nationale de cette dernière ville en ont déjà donné l'exemple dans les délibérations ou adresses dont elles nous ont fait passer des exemplaires ; et je crois, Messieurs, que les circonstances et la crainte que de pareilles hérésies ne s'introduisent dans nos prochaines assemblées de département et de district, pour en embarrasser les mouvemens et la formation, nous imposent le même devoir.

Après quoi, M. de Lichères, Avocat et Procureur de la Commune, a dit :

Messieurs,

Si les deux délibérations que vient de vous communiquer M. le Maire, pouvoient être regardées comme l'effet d'un zèle aveugle pour la Religion, nous devrions nous borner à plaindre l'égarement de ceux qui les ont souscrites ; un attachement excessif aux principes qu'ils ont reçus de leurs pères, fortifié par l'habitude et l'amour propre, peut conduire les hommes les plus doux au fanatisme et à l'oubli des devoirs les plus sacrés de l'humanité ; mais qui peut, dans cette démarche inconsidérée, méconnoître l'ouvrage des ennemis du bien public?

Les intérêts précieux qu'on y présente aux peuples, l'amour de leur culte et de leur Roi, sont bien moins la cause des alarmes qu'on affecte, que le prétexte du désordre qu'on cherche à exciter. On y demande un décret en faveur de la Religion catholique, apostolique et romaine, comme si elle avoit besoin, pour régner sur tous les cœurs, de l'autorité des hommes ? On voudroit, pour quelques diversités d'opinions, rompre les nœuds qui unissent les citoyens, jetter le découragement dans l'âme de nos malheureux frères, les réduire à la cruelle alternative de la flétrissure, ou de la révolte, et ramener parmi nous ces discussions funestes qui ont si souvent ébranlé l'Etat, et dont le souvenir humilie la raison.

On veut que nul changement ne puisse être fait dans l'organisation du Clergé, sans le secours de la puissance ecclésiastique. Mais l'Eglise n'a point de puissance par elle-même, son royaume n'est pas de ce monde. Ses décisions sur la foi et la doctrine sont protégées dans l'Etat par le Souverain; mais, par une disposition précise de nos libertés, le Roi, comme dépositaire des droits de la Nation, peut seul faire tous les règlements et les changements qu'il juge nécessaires pour la discipline extérieure et le temporel de l'Eglise.

L'Assemblée Nationale, dont on cherche à censurer les principes, n'a point touché aux dogmes de la Religion : elle a fait des réformes dont le saint Roi Louis IX avoit apperçu la nécessité, dès l'année 1268, que Bertrand, évêque d'Autun, empêcha Philippe de Valois de consommer en 1348, et que les Etats de Blois et d'Orléans n'avoient cessé de réclamer avec force. Elle a élagué de cet arbre utile les branches parasites dont l'ombre rendoit stérile le sol qui le nourrissoit, et dont le fruit n'étoit plus qu'un fruit de malédiction et de scandale. Cet acte de courage lui assure seul la reconnaissance de tous les siècles.

Tandis que la Capitale s'est distinguée dans la révolution par son patriotisme et ses sacrifices à la cause publique, on voudroit persuader aux peuples qu'elle tient dans les chaînes leur roi et leurs représentants. On présente comme le caractère de la violence ce qui n'est que la sauve-garde et l'appui de la liberté. On calomnie la franchise du meilleur des rois dans la démarche solennelle qu'il fit de son propre mouvement, à l'Assemblée nationale le 4 de février dernier, et on suppose, dans cette même Assemblée, l'empire de la crainte sur les opinions, tandis que les plus grands écarts n'y éprouvent que l'indulgence.

Ne tardons pas d'avantage, Messieurs, à manifester nos sentiments sur ces délibérations incendiaires dont le vœu pervers est d'égarer et d'armer les peuples, d'empêcher l'exécution du plan le plus sagement concerté, et auquel tient le succès de toutes les opérations qui doivent assurer la tranquillité et la prospérité de cet Empire : dénonçons-les à l'auguste Assemblée de nos représentants, en lui renouvellant l'hommage de notre adhésion et de notre soumission à ses décrets. En conséquence, je requiers qu'une copie de votre délibération lui sera incessamment adressée, ainsi qu'aux principales villes du département.

Sur tout quoi lecture faite des délibérations et adresses mentionnées dans le rapport de Mr. le Maire et dans le réquisitoire de M. le Procureur de la Commune.

Le conseil, considérant que la demande consignée dans les délibérations et adresses des citoyens de Nimes et d'Uzès, tendant à ce que la Religion catholique, apostolique et romaine, soit déclarée par un décret solennel, la Religion de l'État, et qu'elle jouisse seule des honneurs du culte public, n'est que le renouvellement de la motion insidieuse que l'Assemblée nationale a eu la sagesse et la fermeté d'écarter par son décret du 13 avril, et qu'elle ne pourroit être remise en discussion, sans compromettre de nouveau le sort du Royaume.

. . . .
. . . .
. . . .

Par toutes ces considérations, le Conseil déclare que, loin d'adhérer aux délibérations et adresses, son devoir lui impose au contraire la loi de les improuver, et qu'il les dénonce en conséquence à la Nation, à l'Assemblée nationale et au Roi, comme des écrits séditieux et incendiaires, propres à diviser le royaume, et surtout les peuples des provinces méridionales, attentatoires aux décrets de la Diette auguste de l'Etat, et insultant à la sagesse de nos représentants, aux vertus et au civisme connus de notre monarque, et à l'opinion manifestée de toutes les communes de France.

Le conseil arrête aussi, qu'extraits de la présente délibération seront envoyés incessamment, par M. le Maire, à l'Assemblée Nationale, à M. le marquis de la Fayette, avec prière de la présenter au Roi; à M. le Maire de Paris, aux municipalités de Nîmes et Uzès, des copies ou exemplaires, aux principales villes et communautés du Département, et que MM. les électeurs de cette ville en porteront aussi une copie ou exemplaire à la prochaine Assemblée de Département qui doit avoir lieu en la ville de Privas.

Lecture faite, les délibérants ont signé : Vignal, Gay, Laprade, Viliedieu, Durand, Cornuscle, Valleton, Maurin, Chalvet, Embry, Ferrin, Bonneville, Dumas, Delichères, *Procureur de la commune*, DALMAS, *Maire*, DUPUY, *Secrétaire-Greffier.*

C. Signés à l'original.

TABLE DES MATIÈRES

	Pages
Introduction	1
Convocation des États généraux	7
Assemblées préparatoires pour l'élection des députés :	
réunions à Annonay	10
Réunions à Villeneuve-de-Berg.	11
Assemblée générale à Privas	13
Élection des députés du Haut-Vivarais.	23
Élection des députés du Bas-Vivarais.	31
Prestation de serment.	37
Cahiers de doléances	38
Frais des élections.	45
Ouverture des États généraux	49
Assemblée nationale.	52
Députés ardéchois à l'Assemblée législative . . .	76

BIOGRAPHIE DES DÉPUTÉS

Antraigues (comte d')	77
Bernis (Mgr. de), coadjuteur d'Albi	229

	Pages
Boissy d'Anglas.	113
Chouvet (l'abbé).	159
Defrance (Pierre-Simon)	155
Dode (l'abbé).	111
Dubois-Maurin (Pierre).	147
Espic (Jean-André)	163
Fare (Mgr Henri de la)	237
Jovyac (marquis de)	221
Madier de Montjau	139
Monneron (les frères).	129
Montfey (baron de).	227
Pampelonne (baron de)	189
Pampelonne (l'abbé de).	193
Rivière.	241
Saint-Martin (Riffard de).	177
Satillieu (marquis de).	125
Vacher, de Vesseaux	225
Vogüé (comte de)	201

PIÈCES JUSTIFICATIVES

N° 1. — Arrêté de l'assemblée de Privas	247
2. — Délibération des électeurs du Haut-Vivarais	269
3. — Lettre des députés du Haut-Vivarais	272
4. — Lettre de Tavernol de Barrès à la municipalité de Metz	275
5. — Fédération de La Voulte	277
6. — Lettre de Monneron à la municipalité de Sarras	279
7. — Lettre du maire de Villeneuve-de-Berg à Dubois-Maurin	280
8. — Délibération de la municipalité d'Aubenas	286

Achevé d'imprimer

Par Mme ROBERT

Imprimeur à Aubenas en Vivarais

Le 14 juillet 1889

CENTENAIRE DE LA PRISE DE LA BASTILLE